1%の才能

特別な武器がなくても
プロとして成功する方法

橋本英郎

X-Knowledge

はじめに

２０２３年1月19日、私は１９９８年から25シーズン続いたプロサッカー選手としてのキャリアを終えるための引退会見に臨んでいました。場所はJリーグ優勝、ＡＣＬ（ＡＦＣチャンピオンズリーグ）制覇など私のキャリアを鮮やかに彩ってくれたガンバ大阪のホームスタジアムであるパナソニックスタジアム吹田。

「十分にやり切った」という満足感とかなり多めの未練。自分でも一言で説明できない複雑な感情に襲われましたが、２０１１年に移籍して以来離れていた古巣・ガンバの本拠地で、おそらく一握りの選手しかできないであろう引退会見をやらせてもらえることに素直に感激している自分がいました。

ジュニアユースからユース、そしてトップチーム昇格、プロサッカー選手としてプレーするチャンスをくれた〝はじまりの地〟であるガンバは、やはり私にとって特別なクラブです。

２００５年のＪリーグ優勝、２０００年代後半に到来した〝ガンバ黄金期〟の中盤を任されたこと、２００７年にイビチャ・オシム監督率いる日本代表に選出してもらったこと、ヴィッセル神戸、セレッソ大阪、ＡＣ長野パルセイロ、東京ヴェルディ、ＦＣ今治、おこしやす京都ＡＣと、Ｊ１からＪＦＬ、関西１部までのカテゴリーで43歳になるまでプレーさせてもらったこと……。

自分でも「ようやったな」としみじみ思います。それでも、第一線を退くにあたって最も強く感じたのは、自分に対する驚きにも似た感情でした。

忘れもしない中学校1年生のとき、私は44歳になった現在に至るまでの自分史上最悪、最大の〝挫折〟を味わいました。25年のキャリアの中でもプロサッカー選手の厳しさを感じる場面、まぁまぁな修羅場も経験してきましたが、ガンバのジュニアユースで経験した挫折に比べればかすり傷みたいなものです。

サッカーがうまい〝つもり〟だった自分の何もかもが通用しない。同い年なのに見たこともないテクニック、パワー、フィジカルを持つ、見上げても見上げきれないバケモノがたくさんいて、100人いた同期の中で自分が一番下手くそ……。

当時の指導者、同期の選手たち100人中100人が「あの橋本がトップに上がれて、しかも日本代表になるなんて……」と思っているでしょう。

「いやいや、ご謙遜を」と言ってくれる方がいるかもしれませんが、自分のサッカー選手としてのキャリアを振り返り、華々しい引退会見までやらせてもらったことに一番驚いているのは私自身です。

中学1年生で大きな衝撃を受けた〝イナ〟こと稲本潤一やトップチームの中盤でコンビを組んだ〝ヤット〟こと遠藤保仁をはじめとするガンバの同僚たち、日本代表で一緒にプレーした多くの選手は、ほぼ御多分に漏れず「仰ぎ見る天才」ばかり。Jリーグがすでにサッカーの天才がひしめく異世界なのに、さらに突き抜けた超天才だけが成功できる魔界に、一人だけ迷い込んだ凡才が私でした。

プロサッカー選手としてそれなりに長い期間を過ごし、さまざまなカテゴリーを経験したいま思うのは、日本でプロサッカー選手になる人は大きく二つのパターンに分けられるということです。簡単にいえば、〝持てる者〟と〝持たざる者〟。

〝持てる者〟は、テクニックなのかフィジカルなのか、スピードなのかパワーなのか、それともそれらすべてなのか、とにかく一目見て他者と明らかに違う〝サッカーの才能〟を持った選手たちです。

チーム数が増加したことにより「Jリーグの間口」はずいぶん広くなりましたが、Jリーグは基本的に神童や天才の集まり。〝持てる者〟たちが競う場で、その中でも抜きん出た才能を持つ者、自分の才能を理解して磨いた人たちだけがそこからさらに上にいける選手ということになります。

もちろん才能を持った〝持てる者〟が全員成功するわけではなく、才能にあぐらをかいてしまったり、自分よりさらに上の才能を目の当たりにして心が折れてしまいひっそりと消えていく選手、ケガやその他の理由で脱落していく選手も数え切れないくらいいます。

プロ野球の世界でもプロになるのは「なりたい選手よりなれる選手」という言葉があるようですが、どのスポーツでも一線級で活躍するような選手は、小さい頃からその才能を認められ、神童と呼ばれ、天才ともてはやされ、プロになるべくしてなった人たちが圧倒的多数なのは間違いないでしょう。


そんな生き馬の目を抜くJリーグでも、まれにサッカーの才能にはそれほど恵まれなかった〝持たざる者〟が活躍することがあります。ゴールやアシスト、ゲームを決定づけるようなプレーは天才たちに任せ、自分の持ち場を守り、役割を確実にこなす選手や、自分が求められていることに合わせてプレーできる選手たち。

私を日本代表に選んでくれたオシムさんは、サッカーには「水を運ぶ人が必要だ」という表現で黒子的なプレイヤーの重要性を説き、複数のポジションに適応する〝ポリバレント〟という概念を日本サッカーに持ち込みました。私はオシムさんのこの言葉によって市場価値を高めた選手の代表格でしょう。

話が錯綜《さくそう》しました。引退会見の私の感慨は、この本を執筆するにあたっても重要な命題に行き着くことになります。

〝持たざる者〟だった私は、一体どうやって天才ひしめくJリーグの舞台に立ち、キャリアを重ねてこられたのか？

「頭脳派ＭＦ」「考えるサッカーの申し子」など、フィジカルもボールテクニックも並の私を、メディアの方々はさまざまなキャッチフレーズで形容してくれました。きっと橋本英郎がなぜこんなに試合に出られるのか？　ガンバ大阪の中盤でプレーしているのか？日本代表に呼ばれたのか？　不思議だったからこそ、その理由を説明するためにつけてくれたキャッチフレーズなのかもしれません。

当時は珍しかった学業のために大学に通いながらプロサッカー選手を続けていた〝二刀流〟だったこともあってか、「頭の良さ」を特徴と見てくれる人が多かったのも事実です。

たしかに私は、〝持たざる者〟という自覚がある中、「考える」ことで自分のプレーを高め、周囲の才能の輝きに圧倒されながらもピッチの中では彼らと対等かそれ以上に渡り合えるさまざまな工夫を続けてきました。

自分としては「才能がないので仕方なく」やってきた感覚が強いのですが、たしかに、特別な才能を持たないのに活躍している選手はほぼ例外なく「考えて」プレーしていましたし、自分のプレーや選手としてのあり方を考えたり工夫したりできなかったために消えていった天才は数多くいました。

規格外の天才は放っておいても現れます。天才が邪魔をされず成長できる環境も充実させる必要があるかもしれません。しかし、天才に比べたら多数派の〝持たざる者〟が成長する方法があれば、日本のサッカーはさらに大きな躍進を遂げることができるのではないでしょうか。

25年間の選手生活を終えて自分のキャリアを振り返ってみると、私が積み重ねてきたことは、〝持たざる者〟の一つの成功例なのかもしれないとハタと気がつきました。

現在、指導者としての道を歩み始めたいま、私のような選手がプロサッカー選手として一定の結果を残す、再現性のある方法があれば、これは後進のためにもかなり有用なのではないかと改めて思ったのです。

みなさんよくご存じの名言だと思いますが、発明王、トーマス・エジソンは才能に関してこんな言葉を残しています。

「天才とは、1％のひらめきと99％の努力である」

この本では、私なりの努力論にも触れていますが、実はこのエジソンの名言は、一般に理解されているのとは真逆の意味だという説があります。いわく、1％のひらめきがなければ、努力しても天才にはたどり着けない。才能を努力でカバーできるという日本人好みの名言かと思えば、凡才にはずいぶん残酷な言葉だったという説です。

真実はエジソンのみぞ知るところですが、私はこの言葉を自分なりに理解し、自分のサッカー選手としてのキャリアと照らし合わせて共感するところが多くあります。

1％のひらめきのない100％の努力は無駄になる可能性が限りなく高いです。目的に沿った努力、適切な努力をしなければ天才には太刀打ちできません。ただし、ひらめきは1％でいいのです。ひらめきを才能に置き換えると、1％の才能があり、その才能を生かして目標に向かって適切な努力を重ねていけば〝持たざる者〟でも天才と同じ景色を見ることはできる。

特にサッカーは、さまざまなポジション、役割の選手が互いに関わり合い、助け合ってプレーするスポーツです。相手チームの選手も入れればピッチの中は22人の思考が複雑に行き交う場になります。それぞれの思考を読み、敵の裏をかいたり、邪魔したり、先回りしたりできれば、「そのゲームに必要な選手」として輝くことができるのです。

私はこの本を通じて、これからプロサッカー選手を目指す子どもたち、現在進行形で目標に向かって努力を重ねている選手たち、そこに関わる親御さん、指導者、周囲の大人たちに特別な能力がなくてもプロとして成功するための武器を配りたいと思っています。そしてそれは、サッカーだけでなく人生に関わる武器にもなり得るはずです。

どんな人にも「1%の才能」はあるはずです。それをどう生かし、自分の才能を伸ばすためにどう行動するのか？　おそらく他の日本代表選手、Ｊリーガーたちとはひと味違う私の経験を率直に伝えることで、未来に羽ばたく若者たちのサポートができればと思っています。

この本は、かつての私のようにサッカーや勉強、人生に悩む子どもたち、そしてそれを見守る大人たちに向けてのある種の〝参考書〟です。特別な武器を持たないサッカー選手が、手持ちの才能と知恵をフル動員しながら工夫を重ねた結果、日本代表に名を連ねるまでに成長する物語をヒントにしていただければ幸いです。

２０２３年12月　橋本英郎

prologue

100人中最下層だった僕が日本代表になれた理由

中1にして〝身の程〟を知った「人生最大の挫折」

「やばい、やばい。なんにもできへんやん」

日本初のプロサッカーリーグ、Jリーグの華々しい開幕を翌年に控えた1992年、橋本英郎少年は、12年の人生の中で最悪の屈辱を味わっていました。

「じゃあインサイドでリフティング50回」

集まった同い年の子どもたちは次々にリフティングのノルマを終え腰を下ろしていきます。焦る気持ちと裏腹に橋本少年はコーチが次のお題に移るまでインサイドのリフティング50回を達成することはできませんでした。次も、そのまた次もずっと課題を終わらせることができず、ミスをしては首をかしげながら立ち続ける時間が続きます。

9番でエースストライカー、キャプテンもやって、足も速い。技術だってある。小学校6年生までせっせと伸ばしていた私の天狗の鼻は、ガンバ大阪ジュニアユースに入ったことで根元からポッキリ、跡形もなくへし折られました。

リフティングは一例ですが、あまりのレベルの違いにぼうぜんとしたことはいまでも忘れません。

小6になりたての私は、太ももでしかリフティングができませんでした。当時の所属クラブはごく普通のいわゆる〝街クラブ〟で、練習は月2回しかありませんでした。もっとうまくなりたいと考えた私は、近所のＹＭＣＡのサッカー教室にも通うようになりました。そこでは足先でリフティングをするドリル練習をやっていて、太ももでしかできないところから、なんとか30回できるようになりました。でもそれは利き足である右足だけ。周りの子たちは両足を交互に使い、150回くらいは軽くこなしていました。

無類の負けず嫌いだった私は、時間を惜しまず足先のリフティングを一生懸命練習しました。すぐに左足も使えるようになり、決められた時間内に300回できるようになりました。

「よし、これでここでも一番や」

そんなちょっとした武勇伝が、ガンバではまったく通用しなかったのです。

「300回ってどういうこと?」

自分もそれくらいはできると話したとき、あるチームメイトが不思議そうに聞き返してきました。彼らにとって1000回、2000回は当たり前、やれと言われれば1時間でも2時間でも続けられるのがリフティング。なんなら回数の概念はもはや意味を成さない域でボールコントロールを身につけていたのです。

リフティングの途中で頭の上でボールを止める曲芸ができる選手も10人くらいいました。できないことが悔しすぎて、一番うまいやつに「どうやってやるん?」とコツを聞いて練習したのですが、結局できず。へこんでいるところがあるからそこに乗せればできると教わったのですが、トラウマになってしまったのか、いまに至るまで頭でボールを止めることはできていません。

小学生のときのクラブは市大会で2回戦負けくらいのレベル。個人でも地域選抜に選ばれたことがなかったので、レベルが違ったといえばそれまでなのですが、とにかくそれまで自分が考えていた「サッカーがうまい」の基準がまったく通用しません。

「えらいとこに来てしまったな」

サッカーに限らず、神童、天才ともてはやされた選手が「井の中の蛙《かわず》」だったことを悟り、壁にぶち当たるのは珍しいことではありません。それでも、後に日本代表になるプロサッカー選手の逸話にしてはあまりに早すぎる、そして絶望的な挫折が私に降りかかったのです。

手違い？　間違い？　で入ったガンバ大阪ジュニアユース

要するに、当時の私にしてみれば完全に「身の丈に合っていない」レベルのクラブに入ってしまったのですが、私がガンバのジュニアユースに入ったのにはちょっとした特殊事情があります。

Ｊクラブの下部組織といえば、その年代のエリートが集う狭き門というイメージがあると思います。しかし、Ｊリーグ開幕前夜のガンバ大阪ジュニアユースは必ずしもそうではありませんでした。

日本サッカーリーグがプロ化し、Ｊリーグとして再スタートを切る際、当時の偉い人たちがこの盛り上がりを一過性のブームで終わらせず未来への種をまいていこうと考えたのでしょう。Ｊリーグ加盟クラブには育成のための下部組織が必要との方針が打ち出されました。松下電器産業（現パナソニック）サッカー部として創部したガンバ大阪は、それまでは下部組織を持っていませんでした。ジュニアユース、ユースのクラブができたのは１９９２年。つまり、私たちが一期生で、実はセレクションなどはなく、希望すれば誰でも入ることができたのです。

私の場合はもっと特殊で、そもそもガンバジュニアユースに入った覚えがなかったのです。どういうことかというと、私が進学する予定の中学校にはサッカー部がなく、６歳上の兄が通っていた釜本ＦＣに行くことを決めていたら、釜本ＦＣがそのままガンバジュニアユースに移管されたのです。

「プロサッカー選手になれるかも」

それまで存在しなかった職業に憧れを抱いて集まる選手は多く、同期が１００人くらいいる大所帯でのスタートでした。釜本ＦＣからガンバ大阪に看板が変わっただけですが、関西トレセンに選ばれていた選手が３人、大阪府トレセンが７、８人、地域選抜は十数人いるというエリートがひしめくハイレベルなクラブに変貌を遂げていたのです。

そして、その中にはあの稲本潤一もいました。

１００人中最下層から日本代表へ

このときの挫折は、大げさではなく人生最初にして最大の挫折でした。いい歳になった現在、プロになったときも、日本代表として国際試合を経験したときも、クラブワールドカップでマンチェスター・ユナイテッドと対戦したときも、25年の現役生活と44年の人生を通じて、あれほどの絶望感と挫折を味わったことはありません。トラウマ級の挫折をしたので、この本の中でも当時のディテールが続々と出てくるはずですか、そんな思いをしたのになぜか私はそのままガンバジュニアユースに残り、ユース昇格、トップチーム昇格と、端から見れば〝エリート街道〟を歩むことになります。

なぜ、サッカーを続けられたのか？　そこには多くの幸運や出会い、努力や選択がありました。

ガンバジュニアユースには小学校時代のクラブのチームメイト1人、同じスクールの2人の4人で通い始めたのですが、そのうちの2人は早々にやめてしまいました。同じように全体でも100人ほどいた時期は最初だけで、あっという間に半分程度になっていました。

ジュニアユースの同期もそれぞれに私より高い次元で挫折を感じていたようです。

その中でも最下層にいた私がなぜクラブをやめなかったのか？　サッカーを投げ出さなかったのか？

一番は結局「サッカーが好きだった」ことに尽きますが、それだけでは続けてこれなかったとも感じています。

「ほんまになんでやめへんかったんやろ？」

この本を執筆しようと思った大きな理由の一つが、引退会見を終え、じっくりキャリアを振り返ることができるようになったいま、自分なりにその答えを掘り下げてみようと思ったことです。

１００人中最下層からのスタート。そこから元日本代表監督の岡田武史さんの母校でもある大阪府立天王寺高校に進み、ガンバ大阪ユースでプレーを続け、トップチームに昇格。一般入試で大阪市立大学（現大阪公立大学）に現役合格し、５年間（プラス1年については後ほど詳しく）学業とプロサッカー選手の二足のわらじを履き、ガンバ黄金期を経験し、日本代表に選出され、43歳までプレーし続ける。

特別意識していたわけではありませんでしたが、いまにして思えば「文武両道」も私のサッカー選手としての能力を引き出すのに大きな影響を与えた要素でした。

サッカーがうまくなるための技術

端的に表せば、私が持っていた才能とは、「努力し続けることのできる能力」であり、「目標を達成するための合理的な方法を見つけ、それを効率的に実践していく能力」です。

天才、才能というと、海外では「ギフト」といわれることもあるように、天からの授かり物を指します。誰しも天賦の才は持っていると思います。ただ、その才能の大きさや量には個人差があるのが現実です。生まれ持っての才能で突き抜けられない場合は、自分の才能をうまく生かし、最大化する必要があります。

そこで必要になるのが、才能を高める技術です。

私は自分のことをすごいサッカー選手だとは思っていません。早くから周囲に天才がたくさんいて、しかも同世代はワールドユースで準優勝をした〝黄金世代〟。

だからといって、彼らと同じ土俵に立つ術がまったくなかったかというとそうではありませんでした。

天から授かったものが少ないなら、後天的な努力や工夫でなんとかできないか？

私は自分のキャリアを通じて、さまざまな技術を身につけることで、まばゆい光を放つ天才たちと時には対峙し、時には協力しながらプレーを続けてきました。

１００人中最下層だった私が持っていた「１％の才能」とは一体なんだったのか？　その才能をどうやって高めていったのか？　これをひも解くことが、後に続くサッカー選手たちの未来に触れ、人生の可能性を広げるヒントになるのかもしれない。

ここからは、私がやってきたこと、大切にしてきたこと、岐路に立ったときの決断を振り返りながら、読者のみなさんと一緒に「1％の才能」の謎を解き明かしていこうと思います。

目次

PART

2 オン・ザ・ピッチでの思考法

PART 3 オールアラウンド・ザ・ピッチでの思考法

構成／大塚一樹
ブックデザイン／今田賢志
撮影／松川啓司
編集協力／中林良輔（株式会社FF）
編集／森哲也（エクスナレッジ）
印刷／シナノ書籍印刷

PART 1

オフ・ザ・ピッチでの思考法

THINK:1
才能を見つける技術

▽「サッカーの才能」とはなんなのか？

身近にいた天才たち

ガンバ大阪の〝ユース最高傑作〟の代名詞で、高校3年生のときにはJリーグデビュー。

21歳でイングランド・プレミアリーグの名門アーセナルへ移籍。アジアを制覇して乗り込んだU－17世界選手権（現U－17ワールドカップ）、準優勝という快挙を達成するワールドユース（現U－20ワールドカップ）、シドニーオリンピックと世代別代表でも常に中核選手として活躍。20歳のときにはフル代表に選出され、２００２年、２００６年、２０１０年と3大会連続でワールドカップに出場……。

みなさんもよくご存じの稲本潤一は、ガンバジュニアユースからの同期で、私の身近にいた〝天才〟の一人です。体格にも恵まれ、ボランチとしても「同じ土俵に立ったら絶対にかなわない」と思えるイナは、幼い頃から誰が見てもわかる特別な選手でした。

当時は現在と違い海外移籍自体が珍しい時代でもありましたから、同じグラウンドでプレーしていた選手が、〝あのアーセナル〟に行くと知ったときは「え？　やっぱりそんなにすごかったん？」と驚きました。このときのことを振り返るインタビューなどを見ていると、イナ自身「アーセナルがどんなクラブかよく知らなかった」と言っています。たしかに純粋なサッカーの才能の他にも大物感がある選手でした。

そのイナが、「努力してできることじゃない、追いつこうと思っても無理」と評したのが、同じ黄金世代のシンジ（小野伸二）。柔らかなボールタッチと視野の広さ、いわゆる「テクニック」といわれる分野では、日本人選手として歴代最高の呼び声も高い天才中の天才です。

私たち1979年生まれを中心とした黄金世代は、特別な才能を持った選手が集まった日本サッカーの特異点といわれていますが、イナとシンジを見比べても、サッカーにはいろいろなタイプの天才がいることがわかります。

そもそもサッカーにおける〝才能〟とはどんなものなのでしょう？

日本ではテクニックに優れた中盤の選手を指して天才と評することが多い気がします。ボールタッチ、ボールフィーリング、スルーパスを通すパスセンスなどに秀でた選手は〝天才タイプ〟とくくられます。世界を見渡すとストライカーに特別な才能を見いだす傾向があります。最終的に点を取るフィニッシャーは、ヨーロッパのビッグクラブでも争奪戦が繰り広げられるのが常で、「ゴールへの嗅覚」という言葉があるように得点能力も特別な才能といえるでしょう。

もちろん身体的アドバンテージも才能の一つと考えられます。2メートルの大男がひしめくバスケットボールの世界では、「サイズだけは教えることができない」という言葉あるそうですが、身長の高さや身体の幅、厚み、頑強さなど持って生まれたフィジカル要素、足の速さやジャンプ力、パワーなどもその人が持つ才能の一つです。

私の身長は173センチ。ジュニアユースの頃はもっと小柄だったわけですし、リフティングの例から見てもわかるようにボールコントロールやテクニックでも100人中下から数えたほうが早かった私は、中高を通じて辛うじて「足は速いよね」と言われる選手でした。ただその足の速さも、プロ選手として武器にできるほどの突き抜けた速さであるはずもなく、当時の私はイナをはじめとする同期のプレーを見て「こういうやつがプロになるねんな」と自分とはまったく別の次元の選手として認識していました。

ジュニアユースの洗礼と〝イナの衝撃〟

「関西選抜の稲本ってやつがおるねんな」

イナ自身も後に語っているのですが、私たちの代のジュニアユースは、当時のU－12日本代表キャプテンだった選手もいるなどうまい選手が多く、スタート時点ではイナだけが飛び抜けた存在ということはありませんでした。

チーム内のレベル分けでは最下層に振り分けられていた私ですが、一度、レベルに関係なくミニゲームをやるという機会がありました。

「まぁ稲本ってなんか有名かもしれんけど止めたれ」

ガンバジュニアユースのレベルの高さにビビっていたのに、生来の負けず嫌いである私は、たまたまイナと1対1になった場面で、無謀にもイナに向かっていきました。

成長の早かったイナはすでに165センチくらいあり、身体も中学1年生とは思えないくらいしっかりしていました。対する私は身長も150センチ台で、まだ小学生の身体つきでした。

「あれ？　どこいった」

イナがシュートモーションに入ったのが見えたので距離を詰めたら次の瞬間にはいなくなっていた。結局、シュートだと思ったのはフェイントで、イナの〝ボールを舐める〟フェイントに釣られて簡単にかわされてしまったわけです。

辛うじて残っていた負けず嫌いの小さなプライドは、このワンプレーであっけなく崩壊しました。

サイズがあるのに足元がめちゃくちゃうまくて、ドリブルを始めたら止められませんでした。当時からボール奪取能力もすごくて、1対1の練習ではほぼ無双していました。

でも当時のガンバジュニアユースの中にはそんなイナにすらテクニックだけで勝ったりする選手がいたんです。スピードはないんですけど、追いつかれてもテクニックだけでヒョイっとかわしてしまう。

そんな環境でしたから、とにかくサッカーの才能で張り合おうと思っても無理というのが、早くから自分の頭の中にはありました。

▽才能にはいろんな種類がある

逃げたいのに消えない〝負けず嫌い〟という才能

ここまでレベルの違いを見せつけられて、自分のことながら「よくやめへんかったな」というのが素直な感想です。

私が忍耐強い性格で、いつか天才たちを追い抜かしてやろうとコツコツ練習を積み重ねていたと言えれば、『アリとキリギリス』ではないですが、子どもたちに語れる良い教訓になったのかもしれません。しかし、我慢強く努力し続けたのかといえば全然そんなことはなく、毎日やめたいと思っていたし、練習の前は「雨よ降れ」と念じるのが日課でした。とにかく逃げたくて仕方がなかったのです。

やめなかったのは、やっぱりサッカーが好きだったということもありますし、私が無類の負けず嫌いだったこともあるでしょう。

やめたい、あいつらうますぎる、練習に行きたくないという私に、両親や兄は厳しい目を向けていました。特に兄は「逃げるのか？　根性ないなぁ」とあおってきます。私の負けず嫌いを見抜いていたのか、それとも本心から情けないと思っていたのかはわかりませんが、とにかく、兄に根性ないと思われるのが癪《しゃく》で最後の最後で「やめる」という選択はせずに踏みとどまっていたということはあると思います。

身近なライバルを見つける才能

もう一つ、私の負けず嫌いに火をつけたのは、中1のときのコーチのある一言でした。

「ちゃんと毎日来てるやつよりも、塾とか用事があって休んでるけどうまいやつはうまいなぁ。やっぱり試合に使われる選手は違うわ」

この話は私が直接聞いたわけではなく、私があまりうまいと思っていない選手についてコーチがそう言っていたという間接的な情報でした。

その子は基本技術はあったけど、ちょっと太っていて、動けるタイプでもありませんでした。

「何言ってんねん。そんなうまないよ。絶対抜かしてやる」

私の中で「どう逆立ちしても勝てない選手」はたくさんいましたが、その選手は私から見てサッカー的に負けているところはそんなにないという認識の選手でした。それでもレベル分けでは私より上ですし、試合にも出ていたので、コーチの評価は理解できるのですが、そのときはなぜか無性に腹が立ちました。

Aチームの神童、天才たちと比べられても何も思わなかったかもしれませんが、現実的な目標、自分でも超えられそうな少し上のハードルを設定してもらえたことで、練習に熱が入るようになったのです。

「負けず嫌い」は性格として片づけられそうですが、プロになって気がついたのは、プロサッカー選手はほぼ例外なくみんな超弩《ど》級の負けず嫌いだということです。わかりやすくライバル意識をむき出しにするタイプもいれば、一見競争が苦手そうに見えても胸に秘めた負けず嫌いをメラメラ燃やしているタイプもいます。私が一緒にプレーし続けた選手は、のんびりしているように見えても負けず嫌いな面は必ず持ち合わせていました。逆にそうではない人、負けず嫌いの気持ちがなくなった人は、ピッチの中で戦うことができず、フェードアウトしていったように思います。

思えば、私は身近なライバル、しかも絶妙に「がんばれば超えられそう」なライバルを見つけるのがとてもうまかったと思います。それはプロサッカー選手になるのにすごく役立った才能ですし、プロになった後も私を成長させてくれる大きな武器になっていたと思います。

▽努力し続ける才能

短いサイクルで成功体験を得る

「絶対抜かしてやる」と決めた選手は、いつの間にか姿が見えなくなりましたが、ガンバには自分より上の〃目標候補〃には事欠きませんでした。

何番目かに設定した「身近な目標」の選手には、中3までは全然勝てなくて、その子のほうがチーム内でも序列が上でした。しかし、高校に進学し、ユースに上がると紅白戦でその選手をぶち抜いてゴールを決めることができたんです。

当時は彼がセンターバック、私がＦＷだったので、かなりわかりやすく「壁を乗り越えた」感覚がありました。

負けず嫌いが高じて宣言通り目標を達成できたことは、毎日やめたいと思っていた私にとって大きなモチベーションになりました。かといってやめたい気持ちがなくなったわけではないのですが、「言ってた自分になれた」「前に進めた」感覚がすごくあったんです。チームの最下層にいる自覚がある中で、自己肯定感を得られたというのは、負けず嫌いと並んで、サッカーを続けるための原動力になりました。

身近なライバルを見つける能力も同じですが、私はこうした目標設定がうまいほうではないかと思います。

絶望的な挫折と、圧倒的な実力差を見せられた中1時点からそれほど意識していたつもりはないのですが、とりあえず目線の「斜め上」くらいの目標を設定するのが得意でした。周りのうまさに圧倒され続けていた私でしたが、できないことをできるようにするのは好きでした。地味な基礎練習でも、周囲の〝できる子〟にやり方やコツを聞き、自分なりにポイントをつかめるまで繰り返し練習することは苦になるどころか自分の成長のためにむしろ一生懸命に取り組んでいました。

目標が高すぎると成果を感じにくかったのかもしれませんが、１００人中最下層からのスタートだとしっかり自覚していた私は、比較的簡単に自己肯定感を得られる成功体験をショートスパンで定期的に得ることができていました。

スモールステップで「努力し続ける才能」を引き出す

例えば、中１の終わりのこと。あまりに多すぎる選手を整理するため、再びジュニアユース内でのレベル分けテストが行われました。万博記念競技場横の広い土のグラウンドで行われたそのテストには、すでにリタイアした選手の他にも、「お前見たことないんやけど?」という選手も来ていました。日本初のプロサッカーリーグ開幕に向けてＪリーグとＪクラブへの期待が高まる中、籍だけ置いていた〝幽霊部員〟のような選手もいたようなのです。ガンバの高いレベルを目の当たりにし、自分の当たり前の基準が大きく上がり、そこで練習を重ねていた私は、中１の終わりのテストでは、籍だけ置いていたような選手たちとははっきり違う実力を身につけていました。

天才たちの背中はまだ遠くかすんでいましたが、「１００人中最下層ということはない」

そんなレベルにはなっていたのです。

心理学でも、大きな目標を達成するためには目標達成までのステップを細分化し、小さな目標を段階的に達成していくことで大きな目標に近づける「スモールステップ」という考え方があるそうですが、私がやっていたのはまさにこれです。

イナは無理でも、がんばれば手が届きそうなチームメイトはいる。それならば、ひとまずはその選手を超えるために努力する。目標を達成できたら自己肯定感が高まり、さらに次の目標に向かうことができます。

大きすぎたり抽象的だったりする目標をずっと追い続けていると、なかなか成功体験が得られません。努力に対する効果測定ができないというのはつらいものです。目標を達成したとき、人間の脳は「やる気ホルモン」ともいわれるドーパミンを放出して、次の目標に向かうモチベーションを高めてくれるそうです。

「努力し続ける才能」があるとすれば、私の場合は後天的に、無意識のうちにスモールステップを実践することで、「やめたい！　やめたい！」とグズる自分をなんとかなだめ、やる気を引き出していたことになります。

▽自分に眠る才能を生かすための思考法

神童が必ずしもそのまま成長するとは限らない

ここまで才能についてあれこれ考えてきましたが、サッカーの才能があっても成功できないこともあります。世の中には勉強であれ、スポーツであれ〝消えた天才〟はたくさんいますし、「十で神童、十五で才子、二十歳過ぎればただの人」という言葉もあるように、才能をそのまま伸ばして成功する人は意外と少ないのかもしれません。

実は私たちの代のガンバ大阪にも、ジュニアユース時点では「稲本以上」の評価を得ていた選手が何人かいました。中でも別格だったのが、U－12日本代表のキャプテンとして全国的にも有名だった藤原将平という選手です。

中1時点で中3の試合に出場し、中3のときには宮本恒靖さんがいたユースの試合に戦力としてプレーしていたような選手で、ガンバでいえば家長昭博選手や宇佐美貴史選手が話題になった〝飛び級〟の先輩に当たる選手です。

驚いたのは、1994年のJリーグユース選手権決勝でスタメン出場してヴェルディ川崎（現東京ヴェルディ）相手に優勝を決める決勝ゴールをアシストしたことです。中学3年生が高校3年生相手に活躍してしまうわけですから、いま考えてもなかなかのエグさですよね。

私たちにとっては「フジみたいな選手がプロになるんだろうな」という存在でした。フジは、「技術が飛び抜けていた天才」というより、フィジカルとパワーがあって、スピードもズバ抜けていて、技術も確かという選手でしたが、かわいそうだったのは、優勝したJユース選手権の翌日に、本来のチームである私たちの年代の準決勝に出場し、ひざを骨折したことでした。

選手生命を絶たれたわけではありませんでしたが、ケガをする前のトップフォームに戻ることはなく、社会人までプレーを続けましたが結局Jの舞台で彼のプレーを見ることはありませんでした。

彼は身体的にも早熟タイプで、中1で身長が170センチくらいあったのですが、高校を卒業するときも170センチのまま。早くから飛び級で上の学年と同じトレーニングをしていたこともしかしたら疲労の蓄積、成長を阻むことになった可能性もあります。

成長には個人差があり、伸びるタイミングは必ず訪れる

〝たられば〟をいえば切りがありませんが、フジは性格的にも周囲から慕われるキャプテンシーを持っていた選手で、サッカーの才能はもちろん、プロになるほとんどすべての要素を持っていたと思います。

何が運命を分けて、プロサッカー選手になれるのかは誰にもわかりません。身体も心も、サッカーの技術も、早くから成長し始める早熟タイプもいますし、人より遅れて成長する大器晩成型もいます。重要なのは、成長するタイミングの〝そのとき〟が来たら、その機を逃さずに、的確な刺激を入れていくことだと思います。

フジの場合はケガもあって結果的にはプロサッカー選手になることはできませんでしたが、明らかに同年代とレベルが見合っていなければ飛び級は有効な手段ですし、早熟な選

手をどう育てるかについては、その選手の成長が早い、早熟タイプだということを十分に理解して接する必要があると思います。

小学生年代の大会などで、やたらに背が高い選手、足の速い選手を前線に並べて得点を重ねるチームを見掛けますが、目先の勝利だけに目を向けるのではなく、選手一人ひとりの成長を見つめた場合、早熟選手の本当の適正ポジションはどこなのかということも考えなければいけないと思います。

いま高さを武器にして得点を量産している選手は、中学生になったとき、高校生になったとき、周囲の成長が追いついてきたときにどんな選手になっているのか？　もしかしたらその選手の武器は高さではないのかもしれません。自分が指導者になって改めて思うのは、わかりやすく目につく武器ではなく、見えにくい才能、その後も継続的に成長させていける才能を見つけて、それを伸ばしてあげることこそが指導者の役割だということです。

私自身も、高校3年生の初めには172センチ、62キロという身長、体重だったのが、夏には体重が65キロに増量され、明らかに密度の高い身体になったという経験をしました。小さい選手ではないけど、大きい選手でもなかった自分が、あるときから「ぶつかると痛いねん」とチームメイトに言われるような当たりの強さを手に入れることができていました。実はこれに先駆けて、高校3年になるタイミングで、お風呂上がりに腹筋3種類、腕立て3種類、背筋を30回3セット毎日やり出していたんです。なぜ始めたかはよく覚えていませんが、自分の身体が変わるタイミングで必要な刺激を入れていたからこそ身体の強さという新たな武器を手に入れることができました。

高校3年生、ガンバユースでのキャリアが終盤になっても、相変わらず私は「プロになるのはイナみたいな選手だろうな」と思っていて、自分がトップチームに昇格できるとは思っていませんでした。それでも、「Jリーガーになるために」という努力ではありませんでしたが、とにかく今日より明日、サッカーがうまくなっているための努力は着実に続けることができていました。

才能を見つけ、適切に伸ばす能力

ガンバの下部組織で過ごした6年間を振り返って、一番楽しかったのがジュニアユースの最終学年、中学校3年生のときでした。

ガンバでは〝落ちこぼれ〟であり続けた私が、自分の成長をダイレクトに実感でき、伸び伸びとプレーできた奇跡のバランスがこの期間だけ成立していたのです。

上から数えて8番目のHチームからスタートした私のジュニアユースキャリアも、中3になる頃には、Aチームに入れるレベルにまで上がってきていました。

ここまで成長できたのは、中1の頃から身近なライバルを設定して地道な努力を続けてきた時間があったからです。

この頃のジュニアユースは、いまほど環境には恵まれておらず、ナイター設備がない中、街灯の下で個人の基礎練習をする時間がありました。練習後に行われるので、みんなあまり力を入れてやらず、精神修行みたいな扱いにしていた選手もいたと思います。しかし、私はこの基礎練習の時間をとても大切にしていました。自分なりにテーマを設け、単なる対面のパス交換でも味方や相手がいるかのように自分で設定してできるだけ実戦に近い形でやることを心掛けました。

回数も誰よりも多くやると決めて、決められた回数を終えても最後の選手がやり終えるまで続ける。一つのパス、トラップ、すべての動きに向き合ったら、不思議と全体の練習やミニゲームでできることが増えていくのがわかりました。

基礎練習をがんばる↓ゲーム形式の練習でできることが増える↓練習が楽しい↓Cチー

ムからBチームに上がってもなんとかできるようになる。得意のスモールステップがしっかり働き、自分の成長のサイクルがうまく回っていくのがはっきりと実感できました。

Cチームから Bチームに行くくらいのポジションのときの経験も楽しさの理由でした。Aチームはできないプレーに対してものすごい勢いで文句を言われ、詰められる場所というイメージが払拭《ふっしょく》できませんでした。

それに対してBチームは、Aチームで詰められるほうの選手が多いこともあり、みんな優しかったんです。

ミスして「ごめん」と言えば「ええよ」と返してくれる。なんでそんなに優しいの？という環境で萎縮することなく伸び伸びプレーできました。

いまにして思えば、Aチームの高いレベルで要求し合う厳しい環境こそ、プロサッカー選手を目指すJクラブの下部組織にふさわしい環境だとは思うのですが、私はやっぱり性格的にもその厳しさが嫌で仕方ありませんでした。Bチームの優しいメンバーがAチームに来ることも増え、私もAチームでのプレーを楽しいと思えるようになっていったのです。

ここまで読んで、私がプロサッカー選手になれる才能があったと思う人はいるでしょうか？　恩師や同期、誰一人としてプロになるとは思っていなかったのですから、そのキャリアを振り返ってもプロサッカー選手として活躍する片りんが見えなくても仕方ないのかもしれません。

しかし、自分なりに振り返ってみると、特別な才能がなくても、努力し続けられる能力、そのための技術、ノウハウがあればプロサッカー選手になれる。しかもそこそこ活躍して日本代表にまでなれる。そんな実例が私なのかもしれないと思っています。

THINK.2
〝逃げる〟技術

▽逃げ出したい現実との向き合い方

人生には正面からぶつからないほうがいいこともある？

みなさんは「逃げる」という言葉にどんな印象をお持ちでしょう？
辞書を引いてみると、①とらえられないように、相手の力の及ばない所へ走り去る。②

避ける。責任を回避する。③敗北する。敗走する。後退する。とあり、どれもどちらかといえばネガティブな意味合いです。「逃げるが勝ち」という慣用句はありますが、一般的には困難にぶつかったときには「逃げずに立ち向かう」ことが良しとされています。

私からの提案は、自分がいまいる場所や環境がつらい状況だった場合は、「逃げて」もいいのではないかということです。

もちろん、嫌なことを避け、まったく我慢をするなという意味ではありません。

ジュニアユースで人生最大の挫折を経験した私は、あのまま真正面からこの挫折と向き合い、「100人中最下層」という場所とその立ち位置だけで過ごしていたら、確実にサッカーをやめていました。

ことはサッカーだけに終わりません。もしあのとき、それまで自己肯定感を得られる「大好きなこと」だったサッカーをやめてしまっていたら、もしかしたら勉強でも生活面でもがんばることのできない人間になっていたかもしれません。

人生最大のピンチであり大きな分かれ道を、私はどうやって乗り越えたのか？　いま思い返せば、当時の私は幼いながらにギリギリのところで自分を追い詰めすぎないための〝逃げ道〟を必ず用意していました。

すでに何度か振り返っていますが、再びジュニアユースに入りたての頃に時間を巻き戻してみましょう。

謙遜でも大げさでもない「100人中最下層」

世代別の日本代表、関西トレセン、大阪府トレセン、地域選抜がゴロゴロいるガンバ大阪のジュニアユースでしたが、セレクションなしで急きょできたチームということもあり、入団時にいた100人以上の選手たちのレベルにはかなりバラつきがありました。

「100人中最下層といっても、日本代表になったくらいだからそれなりにうまかったんでしょ?」

そんなふうに思ってくれる読者の方もいるかもしれませんが、簡単な実技の後に行われた最初のレベル分けで私が振り分けられたのは、先述したとおりAチームから数えて8軍に当たるHチームでした。「100人中最下層」と繰り返し言っているのは、決してキャッチーにするために大げさに言っているわけでもなく、謙遜でもありません。第三者が客観的に評価したただの事実なのです。

これが自分がイケていると思っていたのにBチームからのスタートだったとか、箸にも棒にも引っかからなくてCチーム、完全に勘違いしていました！　とかなら、まだそこからの逆襲のストーリー展開が見えてきます。しかしHチームともなると、13歳なりにコーチにも名前を覚えてもらえない、プレーを見てもらうこともない、という諦めの気持ち、冷めた感情が湧いてきます。

実際にチーム振り分けでやる気を失って去っていった同期も少なくありませんでした。しかし「THINK.1　才能を見つける技術」でお話ししたように「負けず嫌い」をブースターに、最初の波はなんとか乗り切ることができました。その後劇的に成長を遂げ、いきなりスーパーな選手になれたら最高だったのですが、もちろんそんな夢のような話はなく、負けず嫌いだけではどうにもならない日々がやってきます。

プロサッカー選手を目指す子どもたちに聞かせるには少々夢のない話が続きますが、この大きな挫折からどうリカバリーし、プロサッカー選手になったのかは、他のどのプロサッカー選手も語れない、私だけがみなさんにお伝えできる〝大切なこと〟でしょう。

性格まで変えてしまった「できない自分」

ジュニアユース時代、一番嫌だったのが、練習中にチームメイトからできないことに対してつらく当たられることでした。

「どこにパス出してんねん！」「なにしてんねん！」「ちゃんと止めろや！」「ミスすんなよ！ちゃんと蹴れよ！」

チーム自体が目指しているところが高かったこともあり、サッカーのことはいえめちゃくちゃ詰められるんです。できていないのは自分なので当然言い返すこともできません。そこにははっきりとした上下関係があって、あまりに強い調子で言われ続けるのでサッカーのプレーの話なのに、自分の中ではまるでいじめられているような嫌な気持ちになっていました。

中1のとき、ちょっとやんちゃなうまい子にミニゲームでパスをもらったときのことでした。パスを受けた瞬間、とっさに「ありがとう」という言葉が出てきたときは、自分でも驚きました。サッカーのミニゲームで、上のプレイヤーが自分なんかにパスしてくれてありがとうと思うなんて、ここまで卑屈になっているのかと感謝の言葉を口にした自分に衝撃を受けたのです。

実は小学生時代の私は、チームメイトにこういう接し方をしていました。自分が一番うまいのをかさに着て、ミスをした選手を激詰めし、時にはキツい言葉で叱責していたのです。

本来の私は、明るく活発で、誰とでも積極的にコミュニケーションを取るような子どもでした。しかし、ガンバでは、上のチームの選手から詰められてもただうつむくだけ、誰とも話さず、みんなの輪から離れて一人でいるような子になっていたのです。

因果応報なのかもしれませんが、180度逆の立場になってわかったこともたくさんありました。できない選手にはできない理由があり、できる選手とは見えているものが違ったり、同じことをやろうとしていても技術が追いつかなくてそれを再現できなかったりするなど、「なんでできない?」「どうして?」と聞かれても答えに窮するだけだということです。

この経験は、現役時代は他の選手のプレーを理解したりコーチングしたりするのに役立ちました。さらに、現役を終えた現在、指導者としての道を歩み始めて、「できない人の気持ちがわかる」ことの大切さをかみしめています。

見つかった草サッカーという〝逃げ道〟

「このままじゃダメかも」

サッカーは大好きだし続けたい。でもガンバのあの空間にはいたくない。そろそろガンバでサッカーをすることがキツくなり始めた頃、偶然ですが、私にとって格好の〝逃げ道〟を見つけることになります。

きっかけは、ジュニアユースに一緒に入ったものの先にやめた2人の友達と地元の公園で始めたボール遊びでした。

「長居公園で草サッカーに混ぜてくれる人らがおんで！　おもろいから一緒に行こうや」

そのうちの一人がこんな話を持ってきて、よくわからないうちにみんなで行ってみようという流れになりました。

長居公園では、たしかに草サッカーチームが練習（？）をしていました。当時たぶん20

歳くらいの、私たちから見れば大人の社会人チームの人が中心になり、砂利混じりの土のグラウンドで、そこら辺に置いてある通行止めブロックや自転車を並べてゴールに見立てて試合をやっていたのです。「これぞ草サッカー」という光景だったのですが、「君たち中学生？　いつでも来ていいからね」みたいな会話で、私たち3人もその仲間に加えてもらったのです。

ガンバでは同じボールを蹴るでもヒリヒリするような緊張の時間を過ごしていたのに対し、ここでは何もかもが自由すぎるほど自由でした。優しいお兄さんたちが、「中学生なのにうまいね」とかチヤホヤしてくれる最高の環境でした。

人数も11人対11人のときもあればそれ以下のときもあり、あるときは15対15みたいな大人数で一つのボールを追い掛けることもあったこの草サッカーは、出入り自由なためたまにミスをした人に強く当たる自分勝手なプレーをする人が参加することもありました。

しかし、あくまでもユルい空気なので、「アイツ来たらなんか面白くなくなったな？」という空気が支配的になり、そういう人はもう来ないという感じでした。

この環境が私には最高の息抜きになりました。楽しくサッカーをしてもいい。ミスをしても文句を言われない。しかもガンバのジュニアユースに比べたら私でも思うようにプレーができる。

まったく自己肯定感を得られないジュニアユースの練習の傍ら、私はこの長居公園での草サッカーに通い続けました。心が悲鳴を上げ始めていた頃に見つけた自分の新しい〝居場所〟はいまにして思えば「緊急避難場所」のような存在だったのかもしれません。

長居公園では、ジュニアユースでは実感しづらい、自分のサッカーの技術の上達を試すこともできました。ドリブルやシュートを試したり、思いついたアイデアのままパスを出してみたり。ガンバでは周りのレベルがバグっていたので、自分が成長しているのかどうかもわかりませんでした。練習はもちろん試す場でもなく、ミスをしないように緊張していましたし、自分でもどこか勝負の場という意識が常にありました。

一方の長居公園は、完全にサッカーの楽しさを取り戻す場所でした。

もちろん長居公園の草サッカーだけなら中学生時代の成長はあり得ないのですが、緊張してある意味集中力を極限にまで高めて臨むジュニアユースの練習と、サッカーの楽しさを存分に感じながら自己肯定感を得られる長居公園の両方があったからこそ、サッカーを嫌いになることもなく、もともと持っていた負けず嫌いをうまく生かしながらレベルアップしていけたのだと思います。

まるで二重人格？　サッカー用の自分と学校での自分

ジュニアユースでの立場や立ち位置から、性格まで変わってしまったという話を先にしました。ただし実はこれ、ジュニアユースのときに限ったことで、サッカーサイドだけの私の性格でした。J下部組織でよかったのは、クラブでの人間関係と学校での人間関係がまったく別なことです。小学校まではエースストライカーでキャプテン。運動ができるし、勉強もそこそこできて、学級委員をやるくらい活発だった私のキャラクターは、中学校でもそのまま継続されていました。

おそらく、ジュニアユース、中学校、どちらの友達もそれぞれ反対の場所にいる私を見たら「性格の違う双子やん！」というくらいまったく別の生き方をしていました。

自分でも「二重人格やった」という意識があるのですが、普段は自分の意見もちゃんと言うし、何かを決めたりする話し合いにも積極的に参加するタイプ。それなのにガンバでは一言もしゃべらない「何考えているかわからんやつ」。

いじめられていたとかではありませんがガンバでは自分から心を開くことはありませんでした。

困ったのは合宿でした。そんな立ち位置で本当の自分の性格を押し殺してジュニアユースのチームメイトと一緒に泊まりで過ごすなんて、私にとっては針のむしろ、地獄に等しい環境です。

中学2年生の白馬合宿ではこんなことがありました。

アレルギー性鼻炎持ちの私は、練習が終わってから部屋で遊んでいるみんなを横目に、鼻水が止まらないのでティッシュ片手に布団をかぶっていました。

「もう寝てるやつおるやん。なんや、布団かぶってあの寝方」

心の中で私は「寝とらん」「寝とらん」といいながら、布団をしっかりと身体全体にかぶせ身動きを取らないようにしてやり過ごしました。

チームメイトは別に私を攻撃したりいじめたりする意図はなかったと思いますが、この場面だけ描写したら完全にいじめ被害者の告白ですよね？　自分の中でも恥部だと思っているエピソードなのですが実はこれ一度きりではなく、高校1年生のときにも同じようなことがありました。

ＪＦＡ（日本サッカー協会）が主催する『ＪＦＡこころのプロジェクト』の夢先生として子どもたちに講演する機会があるのですが、私はこのときの話をなるべくするようにしています。

自分の恥をさらすような話ですが、すべてがうまくいくばかりじゃなく、こんな思いをしてもなんとかそこを逃げてやり過ごしたとしても、プロサッカー選手になれた。夢をかなえるためにはいろんなやり方があるんだよということを伝えたいからです。

〝もう一人の自分〟と対話する

二重人格とはちょっと違いますが、私が「逃げ道」をつくりながらも立ち向かうべき大きな壁に対して向かっていくことができたのには、〝もう一人の自分〟の存在があります。

イタリア・セリエA、ACミランで10番を背負った本田圭佑選手が移籍を決めた際に「心の中のリトルホンダがACミランだと答えた」と発言し、〝リトルホンダ〟という言葉が一人歩きしましたが、私は本田選手の言うリトルホンダの存在がよくわかります。私の頭の中にももう一人の自分、自分を客観的に見ている本質的な自分が常にいて、何か岐路に立ったとき、決断を下さなければいけないときには、頭の中でそのもう一人の自分と対話をしている感覚があります。「ハイヤーセルフ（高次元の自分）」という表現もあるそうですが、例えば人生最大の挫折に打ちひしがれていたあのとき、絶望する自分と「そりゃこんなレベル高かったらそうなるわ」という客観的かつ冷静なもう一人の自分もいて、「100人中最下層」であることをまずは受け入れるという判断の手伝いをしてくれたのです。

このもう一人の自分はいまでもずっと自分の頭の中にいて、現役中はプレーする際にも的確な助言をたくさんくれました。周囲から見れば、それが自分のプレーを第三者視点で見られる、客観視できている、つまり視野の広さやプレー選択の幅につながっていたような気がします。

プロサッカー選手として歩み始めた頃。「プロとしては通用しないんじゃないか」と追い詰められたことがありました。そのときも頭の中のもう一人の自分が「ジュニアユースに入った頃はプロになることすら想像できなくて、なれるわけないと思っていたプロに運よくなれて、何を悩むことがあるんや。プロのピッチを楽しむだけや」と、的確なアドバイスをくれて、頭の中がすっきりとして吹っ切れたということがありました。

結果がすべて、活躍できなければキャリアが終わってしまうプロのプレッシャーから解放されるために、あえてポイントをずらして〝逃がして〟くれたもう一人の自分がいなかったら、私はここまで長くプロサッカー選手としてプレーしていなかったはずです。

つらかったら〝逃げて〟いい

本来はワクワクするような新しいスタートの季節である中1の春に、自分の才能のなさと〝持てる者〟との差をまざまざと見せつけられた私は、この挫折と現状を受け入れつつも、真正面からぶつかって玉砕する道を選ばず、いくつもの逃げ道を用意することで乗り越えてきました。

そしてその逃げ道は、自分を成長させてくれるトリガーにもなり、自己肯定感、成功体験、サッカーが好きという初心、ガンバのジュニアユースで失いかけていた大切なものすべてを取り戻すきっかけをくれたのです。

もし、中学生の私、高校生の私にガンバしかなかったら……。中学校があり、高校があり、そこでの学生生活があり、友達がいて、勉強や塾があって、長居公園での草サッカーがあったからこそ、私は道を失わずに立ち向かうべき壁に向かっていけたのだと思います。

つらかったら逃げてもいい。逃げるのは必ずしも悪いことではなく、逃げ方を工夫する技術を駆使して、うまく逃げることができれば、最終的には正面からぶつかるよりも勇敢に困難に向かっていけるのです。このことは、ぜひこれからいくつもの壁にぶつかる子どもたちに伝えたいことです。

THINK.3 サッカーを考える技術

▽サッカーは「考える」スポーツである

「助け合える」スポーツ、サッカーの特性を生かす

「90分間考えて走り続けろ」と言ったのは、私を日本代表に選出してくれたイビチャ・オシムさんでしたが、私は自分がやっていたのがサッカーというスポーツだったことをとて

もラッキーだったと思っています。

生まれ持った体格に恵まれているわけでもなく、特別な才能があったわけでもない。足は速かったけれど、それだけで勝負できる選手ではなかった私が、曲がりなりにもプロとしてプレーを続けられたのも、それこそオシムさんに選んでいただいて日本代表になれたのも、サッカーが「考える」スポーツだからだと思うのです。

「サッカーはどんなスポーツですか？」と聞かれてまず浮かぶのは、「ゴールを奪い合うスポーツ」だということです。味方チームの11人で1つのボールを追いかけ、ゴールを目指す。当然、相手の11人もこちらのゴールを目指します。決められた広さのピッチの中で、22人の選手がお互いに関係し合いながらプレーするのがサッカーです。

私にとって、ピッチの中に「味方がいる」、一人ではなくみんなで助け合いながらプレーできることが何よりも重要でした。

個人競技ならば、成長段階や上達の過程において他者との関わりが重要だったとしても、最後は純粋に個人の能力勝負になります。しかし、サッカーは自分の苦手なプレーはそれを得意とする誰かに任せたり、ピッチの中の味方に指示して動いてもらうことで補い合ったりできます。

この余地があることが、私がプロサッカー選手になれた最大の理由であり、11人いる味方にどう助けてもらうか、他方11人いる相手の動きをどう読んで、有利な方向に持っていくかを考えながらプレーできたことが、厳しいプロの世界を生き残ることができた秘訣《ひけつ》だと思っています。

便利屋からポリバレントへ

小学生のときは〝点取り屋〟だった話は何度もしましたが、ジュニアユースではＦＷ、ユースでは、ＦＷの他にもサイドハーフなど攻撃的な中盤のポジションをやることもありました。

プロ入り後、ボランチのポジションを確立するまでは、「空いているところで出場する」立場だったので、当然さまざまなポジションを経験することになります。これが思いのほかその先のキャリアで役立ちます。

プロでやったことのあるポジションだけでも、サイドバック、サイドハーフ、ＦＷ、そして一番多くプレーしたボランチとGK以外のほとんどのポジションを経験しました。センターバックもごく短い期間やったことがあります。

特定のポジションがなく、便利屋的に使われることに「俺ってただの器用貧乏やん」と悩んだことはありましたが、実はいろいろなポジションや役割を経験できたことが、私のようなタイプの選手にとってとても重要な成長の糧になるということが後にわかります。

それをはっきりと示してくれたのが、メディアなどを通じてオシムさんが有名にしてくれた「ポリバレント」という言葉と考え方です。

それまで日本では複数ポジションをこなせる選手は「便利屋」とか特定の強みのない選手として軽く見られる傾向にあったと思います。「ユーティリティプレイヤー」という言葉はありましたが、それでもやはり便利屋的ニュアンスが強い使われ方だった気がします。

いわゆる「隙間産業」で空いているポジション、足りない場所を埋める形で生き残ってきた私は、こうした自分の立ち位置にちょっとしたコンプレックスを持っていました。しかしオシムさんが発した、元々は化学用語だという「多価（難しいことはわかりませんが、原子が他の原子といくつ結合できるかを見たときに、より多いものという意味らしいです）」という意味の「ポリバレント」という言葉のニュアンスを聞いたときに、自分がプロサッカー選手としてやってこられた理由の裏づけをもらった気がしました。

「ポリバレント」の出現によって一番変わったのは周囲の評価ですが、オシムさんが同時に発した「考えながら走ることの重要性」「サッカーには水を運ぶ人が必要」というメッセージと併せて考えると、まさに〝持たざる者〟である私が11人の一員として必要とされる理由が「ポリバレント」であることだと感じることができました。

〝天職〟ボランチは味方に囲まれた「楽なポジション」

複数ポジションをこなせることは現役時代を通じて私の強みでしたが、特に「ボランチ」というポジションは天職とさえ思えるほど、自分に合っていると思えるポジションでした。

テレビ中継などで解説をする際もボランチに目が行きますし、ボランチの視点を通してピッチで起きていることを把握し、試合の流れを見ることが多いです。

なぜボランチが合っていたのか？　真っ先に浮かぶ答えは「楽だから」。ちょっと拍子抜けの答えかもしれませんが、ボランチは私が経験した他のどのポジションよりも圧倒的に楽なのです。

ポルトガル語で「かじ取り」を意味するとか、実はそれが語源ではないとか、言葉に関する論争はあるようですが、私から見たボランチは、ピッチの中央でプレーすることから「360度全方位に助けてくれる味方がいるポジション」なんです。

アメリカンフットボールやラグビーは、ポジションによって完全に役割が分離されていて、求められる能力もまったく違います。サッカーはそこまで明確に役割が分かれていませんが、それでもFWに求められることとセンターバックに求められることは違い、自陣近くでプレーするポジションなのか、敵陣深く入っていくポジションなのかによって、求められることはまったく異なります。

ボランチは、攻撃では自分より前に、守備では自分より後ろに、自分よりそれを得意としている選手が控えています。その選手に助けてもらいながらプレーできるというのは私にとってはとてもストレスレスな世界です。

例えばサイドバックなら、仮に相手陣内深くに攻め入ったとしても、ボールが相手チームに渡った瞬間に守備要員として自陣に戻らなければいけません。この上下動はそれほど苦にならないのですが、対峙《たいじ》した相手に突破を許してしまうともう後がありません。センターバックのカバーリングやGKのナイスセーブは期待できますが、基本的に助けてくれる味方が少なすぎます。

ＦＷはＦＷで、フィニッシャーとして「ラストワンマイル」を任される役割があります。最後に決めきる責任を常に背負い、結果を出し続けなければいけないプレッシャーがつきまといます。

サイドハーフやボランチより前目の中盤の選手はスルーパスやラストパス、ゴールに直結するプレーが求められます。

何度ナイスセーブをしてもたった一つのミスがそのまま失点につながるＧＫの重責はいうまでもありません。

それぞれのポジションの本職の選手に話を聞いたらまた違うとらえ方があるのかもしれませんが、これら他のポジションに比べたらボランチは「何もしなくていい」といえるくらい気が楽です。少し攻撃に参加できれば、攻撃でも貢献したと評価され、守備の局面でボールを奪うような動きや的確なカバーリングができればディフェンス面の能力が評価されます。センターバックという最後の砦がいるので、守備に関してはある程度思い切った仕掛けもできますし、相手のプレーを遅らせることに徹することもできます。

オン・ザ・ピッチ編のボランチの役割でも詳しく話しますが、ボランチはボールに絡んだプレーも多いので、〝ムダ走り〟が少なく考えながらプレーするのに適しているのです。

パスの精度と相手の立場を理解することの重要性

「複数ポジションを経験したことが生きた」というのも、FWからセンターバック、頻度は低いですがGKまでいろいろなポジションの選手と攻守にわたって関わり合うボランチを主戦場にしていたからこそということも大きかった気がします。

サイドにいる中盤の選手にボールを預けるにしても、このポジションを経験しているのとしていないのでは出すタイミング、足元なのかスペースなのか、ボールの質などあらゆることが変わってきます。パスの受け手は何を望んでいるのか？　どんなプレーをしようとしているのか？　戦局を読み、効果的なプレーをするために味方の選手を〝動かす〟プレーをすることもあります。

こうしたプレーをするためには、自分がそのポジションでプレーしたリアルな経験が重要になります。あえてオフ・ザ・ピッチの話を強調すると、それまで〝お山の大将キャラ〟でミスする味方に詰めまくっていた私が、ジュニアユースでの挫折を経て〝詰められる側〟

になったこと、ミスを叱責する側、される側、詰める側と詰められる側の両方を体験し、言われる側の気持ちを理解したことがパスの出し方、ピッチの中での味方との関わり方の大きなヒントになりました。

ガンバ時代にコンビを組むことが多かったヤット（遠藤保仁）はパスの受け手に合わせたプレー、受け手を動かすプレーがすごく上手でした。身近にこうしたお手本がいたことも、一つのプレー、一つのパスを考えるヒントになったと思います。

唯一経験のないGKとのコミュニケーション

余談ですが、サッカーの中でもまったく異質で、私が経験したことのないポジションがGKです。フィールドプレイヤーの考えていること、求めていることは経験にもとづいてだいたいわかりますが、さすがにGKの見ているもの、どんなことを考えてプレーしているのかまではわかりません。

わからないからこそ、GKとはすごくしゃべっていた記憶があります。クロスに対して「出られる・出られない」の判断の基準だったり、どんな練習をしているのかとか、試合中は物理的に距離が遠いのでそんなに話しませんでしたが、練習中、練習前後にGKと話す機会は多かったと思います。

　これはGKのことがわからないから情報収集したい意味合いや、守備面での連携のためということもありますが、実はそれよりもGKはフィールドプレイヤーと離れて練習することも多く、はぐれ者だった私でも話し掛けやすかったこと、私の偏見かもしれませんが、サッカー選手としては変わった人が多く、「同じ匂いを勝手に感じていた」ことが大きかったかもしれません。

▽考えてサッカーをプレーするための方法

サッカーのプレーにおける思考力と準備

私がなぜ、ポリバレントという言葉が脚光を浴びたときにその代表格の一人として日本代表に選出してもらえたのか？

レギュラーポジションを持たなかったために、いろいろなポジションを経験せざるを得なかったことも大きな要素ですが、とにかく「武器のない自分がどうしたらピッチに立ってチームに貢献できるか」を考え続けたことが挙げられます。身体で勝てない、センスでも勝てないなら人一倍考えてプレーしようという思いはずっとありました。

例えばサッカー選手の守備能力を言い表すときによく「危機察知能力」という言葉が使われます。「ここぞ！」という得点につながるようなパスやドリブル、動き出しの頭を押さえて身体を張るとか、そのプレーを未然に防げる選手は、危険な香りを嗅ぎ分ける力があるともいわれます。

私は危機察知能力は、ストライカーのゴールへの嗅覚や得点能力とは別で、生まれ持った才能の要素は薄いと思っています。

ピンチになる前にどこにいるのか、何をしているのか、もっといえばいまピッチの中ではどんなことが起きているのかをしっかりと見て、試合中に自分なりの仮説を立てまくってプレーの予測をしておく。これができれば、いざピンチになったときにも慌てずに対処できたり、ピンチを先回りして防ぐことができたりします。

これは才能ではなく完全に準備の話です。

映像で振り返るのが苦手な理由

準備というと、人によってはビデオで研究したりスカウティングデータを分析して準備するということもあるかもしれません。映像もデータも重要だと思っていますが、現役時代の私は映像を見るのが苦手でした。

なぜかというと、自分が出場した試合の映像、プレーを見るとダメなところにしか目が行かなかったからです。

「あそこはもっとこうできた」

「ああ、こんなミスしてる」

見れば見るほど自分が下手に思えて、どんどんどんどん嫌な気持ちになっていくので、もう見ていられない。もちろんこれを受け入れて、映像で研究していたらもっとすごい選手になれたかもしれませんが、単純に自分のダメなところばかりに目が行ってネガティブマインドにハマり込んでしまいます。あえてビデオで振り返らなくても、自分が失敗したと思うプレーは、時には夢に出てくるくらい鮮明に脳裏に焼きついているので、映像はあえて見ないようにしていました。

その代わりというか、だからこそという側面もありますが、その瞬間、瞬間で自分のプレーを客観視することは徹底していました。自分のプレーを第三者視点で俯瞰する〝もう一人の自分〟と対話しながら、そのときに生まれた課題はできるだけその試合の中で解決するようにしていました。

ヤットや、川崎フロンターレで一時代を築いたケンゴ（中村憲剛）は、自分のプレーをしっかり時間をかけてビデオで振り返るタイプだったので、やっぱりそれができればよかったなあという後悔もなくはないのですが、私は、映像で自分のプレーを客観視したときのストレスがすごすぎて無理だったというだけの話です。大丈夫な人は、ぜひ映像でも自分のプレーを振り返るようにしましょう。

いつ考えるか？　試合が始まってからでは遅すぎる

サッカーを考えるということは、試合になっていきなり「頭をフル回転させよう」と思ってもなかなかうまくはいきません。感性やセンス、イマジネーションで勝負するタイプの天才ならば、ボールを持った瞬間、パッとピッチに立った瞬間にビジョンが浮かぶのかもしれませんが、そんな特殊能力を持ち合わせていない私のような選手は、普段の練習から考えてプレーすることが大切です。

私が〝もう一人の自分〟や自分のプレーを客観視することを重視していたのは、練習のテーマを見つけるという目的のためでもありました。

なかなか試合に出られないジュニアユース時代も、少ないチャンスを生かすしかなかったユース時代も、プロになってからもその時々の自分の課題を見つけて、それを克服するためのテーマを持って練習に取り組んでいました。

チーム練習で特別なことをすることはできませんから、みんなと同じメニューをこなす中でも自分の中でのテーマを持って意識するところを変えたり、試合の中でのシチュエーションをイメージしながらプレーしたりしていたのです。

ジュニアユース時代は〝逃げ道〟だった長居公園の草サッカーでいろいろ試していました。シザーズで相手を抜いてから左足でシュートとか、普段一人で練習していることを実戦で試す場として活用していました。

考えて練習すること、工夫することが習慣化されていたことは、プロになってからもかなり役立ちました。当時、出場機会の少ない若手選手のプレータイムを確保するために行われていたサテライトリーグで、相手にボールをさらして足を出した瞬間にかわすとか、ボールを受けてから決まった歩数で股抜きするとか、ゲームの中で試行錯誤して、練習でやっていることをどれくらいできるのか試すことができたのは、ジュニアユース時代からテーマを持って練習に取り組んでいたから。

自分でも思い出して「そういえばそんなふうにやってたわぁ」と合点がいったのですが、練習の量も必要ですし、そこに向かうひたむきさも大切なのですが、やはり自分が抱えている課題に対して明確なテーマを持って、それにチャレンジする設定で練習をすることが、よく論争になる「練習は量か質か」の問題解決につながるのかもしれません。

練習こそ考えてやる。試合のための準備として、できるようになるまでやるし、できるようにするために絶えず工夫する。

「90分間考えて走り続ける」ためには、その背景にある膨大な練習時間でも常に考えながら走る必要があるのです。

THINK.4 プロとして成功する技術

▽プロサッカー選手としての成功とは何か？

練習生としてスタートしたプロ生活

２０２３シーズンのＪリーグのクラブ数は60クラブ、登録者選手は１８５８人と史上最多を記録しました。私がガンバ大阪と契約した１９９８年はＪリーグのクラブはまだ18しかありませんでした。

いまも昔もプロサッカー選手になるのは狭き門には変わりありませんが、「プロサッカー選手として活躍する」定義は以前より選択肢が広がり、現在のほうが複雑化しているかもしれません。

「100人中最下層」からスタートした私のサッカー選手としてのキャリアは、高校卒業と同時に大きな転機を迎えることになります。

きら星のごとく輝いていた同期たちも当時最年少の17歳6カ月でJリーグデビューを果たしたイナ（稲本潤一）、高校3年生のときにJデビューを果たしたイバ（新井場徹）を除いてトップチームに昇格することはなく、2人を除けばウサギとカメでいえば圧倒的なカメだった私だけが、高校卒業後ユースからトップチームに昇格することになりました。

信じられない大逆転劇ですが、この「トップチーム昇格」についても、話を盛ることなく正確に事実を伝える必要があるでしょう。

イナやイバ、同期のスター選手が華々しいデビューを遂げたのと違い、私のトップチームとの契約は当初、あくまでも練習生としてのものでした。同期入団のバン（播戸竜二）も同じ扱いだったのですが、契約が保証されるのは半年だけ。バンの他にも7人くらい同じような契約形態の選手がいて、最初はチームとは別にその練習生だけで集まって練習をしていました。

前代未聞？ 大学入試を優先させたルーキー

そもそもガンバユースでサッカーを続けていたのも、「サッカーで大学の推薦がもらいたい」というよこしまな（？）考えがあってのことでした。結果的には推薦ではなく、一般入試で大阪市立大学に進むことになるのですが、一般受験をしたため、私がガンバに合流したのは3月に入ってからでした。

2ステージ制を採用していたJリーグの1998シーズンは3月21日に開幕しています。1月のシーズン立ち上げ合宿も不参加、2月の練習にも1回も顔を出さず、契約のサインを交わしたときと新入団選手が集まった練習会に顔を出して以来、3月半ば過ぎになってようやく合流するというあり得ない登場の仕方だったのです。

もちろんクラブ側に話はしていましたが、後から聞いたところによると全然練習に来ない私のことが当時結構な問題になったそうです。

後で詳しく触れますが、兄と姉も府下有数の進学校、天王寺高校から大学に行っていました。両親は私にサッカーをやめなさいと言ったことは一度もありませんでしたが、ガンバユースに進んでも、トップチームから声がかかりそうだとなっても、「勉強しろ」「大学に行け」と言い続けていました。

そのため、高校3年生になった私は、「目標はプロサッカー選手!」と意気込むどころか、どうやって大学に合格するかを考えていましたし、プロとして契約してもらえたときも、選手として長くプレーするよりも、引退後のためにしっかり勉強しておこうとしか思っていませんでした。

2年目からはいわゆるABC契約のC契約となり、1年ごとの更新になりましたが、その年にユースから昇格してきた大黒将志、二川孝広はたぶん私の1・5倍くらいの年俸をもらっていました。

大学に通いながらプロサッカー選手になる道は、下部組織の先輩である宮本恒靖さんというモデルケースがありました。

「ツネくんと同じようにできるんや」

身近に先例があったこともあり、大学とガンバのどちらかを選ぶという発想はありませんでした。

▽サッカー選手に必要なのは人間性？

「おまえだけはきちんとあいさつをした」アントネッティがくれたチャンス

ガンバ入団から2年目、自分でも「思ったよりずっと早く巡ってきた」と思ったプロデビュー戦は、ナビスコカップ（現ルヴァンカップ）の1回戦、等々力陸上競技場での第1戦でした。川崎フロンターレ相手にガンバが3－1で快勝したのですが、右ウィングで出場した私は、幸運なことに試合開始11分に先制ゴールを挙げることができました。

練習生から本格的なプロ契約に切り替わったばかりの私がなぜスタメン起用されたのか？当時ガンバを率いていたフランス人指揮官、フレデリック・アントネッティ監督が数日後に明かした理由は意外なものでした。

「橋本だけは顔を合わせるたびにあいさつをしてコミュニケーションを取ろうとしていた」

高卒2年目の新人をスタメンに抜擢する起用の理由があいさつ？　読者のみなさんは混乱すると思いますが、これには当時のちょっとしたチーム事情が絡んでいます。

アントネッティさんが「橋本だけは」と言っているのは、練習生として入った同期やサテライトで一緒だったこれからチームのレギュラーを狙おうというグループの中でのこと。組分けとして、簡単にいえばその時点でアントネッティさんの構想に入らなかった選手たちの集まりなので、必然的に監督との距離は遠くなっていました。

たしかに先輩たちのなかには「監督が代わらない限り出場は難しい」と見切りをつけているような発言をする人もいて、アントネッティさんを無視はしないまでも、ピリッとした空気が流れていたのは事実でした。

プロ経験豊富な先輩たちにとってはそんなものかと思っていたのですが、19歳の私には誰が監督とか、どんな構想でとかはあまり気にしていませんでした。気にするレベルにないといったほうが正確かもしれません。大学生との二足のわらじとはいえ、チャンスをもらって結果を残さないと契約を切られてしまう、プロサッカー選手でいられなくなるという切迫感は日々感じていました。

あいさつについては特に監督だからとか、印象をよくしようとか思っていたわけではありませんでしたが、グラウンドに入るとき、練習が始まるとき、終わるときなど、別メニューで接点が少なかったとしても、礼儀として〝普通に〟あいさつをしていました。

その普通が功を奏したようで、アントネッティさんは私の起用理由をナビスコカップの数日後の全体ミーティングでわざわざ明かしたのです。

「サテライトチームで練習していた5、6人の中で、おまえだけは顔を合わせるたびにきちんとあいさつをしていた。他の選手はあいさつもせず、目も合わせようとしなかったが、おまえだけはコミュニケーションをとろうとしたから使った。そしてそのチャンスを生かしたんだ」

プレーが評価されたわけじゃなかったことに拍子抜けはしましたが、チャンスはチャンスです。いま考えれば、アントネッティさんとしてもチームマネジメントの面で不満分子になりそうなサテライトチームの練習態度にくぎを刺しておこうという意図があったのかもしれないなと思うのですが、私にとってはとにかく待ちに待ったチャンスです。

この試合でゴールを決めたことで、3日後のJリーグ第6節、サンフレッチェ広島戦で途中出場ながらリーグ戦初出場、続く第7節のヴェルディ川崎(現東京ヴェルディ)戦でも途中出場、第8節のベルマーレ平塚（現湘南ベルマーレ）戦は出場はなかったものの3節続けて登録メンバー入りができたのです。2年目のシーズンはリーグ戦4試合に出場、ゴールはナビスコでの1点のみでしたが、あいさつがきっかけでつかんだチャンスで、なんとか試合出場にこぎ着けたことはとても印象深く、プレーの評価ではなかったことが「自分らしいなぁ」といまでも思うのです。

チャンスは運だがつかむのは自分

プロとしてチャンスをつかむためには、実力だけでなく、やはり運や巡り合わせも大切です。これは自分でコントロールできないものと考えがちですが、これまでの経験からも、「いつ来てもいいと思っている人のところにチャンスは来る」というのはどうやら事実のようです。

どこで聞いたのかは忘れましたが、「どんな人でも人生の中で3回大きなチャンスが巡ってくる。そのチャンスを生かせるかどうかはその人次第」という考え方があります。

私は子どもの頃から「チャンスが3回来る」ではなく、「そのチャンスを生かせるかどうか」の部分に注目して、「もし誰にでも3回は大きなチャンスが巡ってくるなら、いつチャンスが来てもいいように準備はしておこう」と考えていました。

私にとって1回目の大きなチャンスは間違いなく、アントネッティさんが選んでくれたナビスコカップでのスタメン出場でした。初めてプロのピッチに立つのはものすごく緊張しました。同時に、思いがけず早く巡ってきたチャンスではありましたが、「ここでこけたら終わりだ」という気持ちも強く持っていました。私はこういうとき、不思議とスイッチが切り替わります。それまでは、大学もあるし、プロでやっていくのは難しいよなぁという気持ちもあって悲壮な感じでは練習していなかったのですが、いざベンチ入り、出場が決まると自分に強めのプレッシャーをかけて「ここで結果を出さなかったら後はないぞ」と追い込む。やれるだけやった後は、自然と「この機会を楽しもう」というマインドになるので、緊張でガチガチになることもありません。こういう集中力の高め方は子どもの頃から自分でもびっくりするくらいうまく調整できました。

結果的にナビスコカップで点を取ったことでその後のリーグ戦出場につなげることができました。そのままベンチ入りメンバーやレギュラーに定着することはできませんでしたが、日本の最高峰、プロサッカーリーグであるＪリーグの舞台を経験したことで、自分に足りないこと、通用しそうなこと、伸ばしていけば武器になりそうなことが明確になり、その後の練習がより密度の濃いものになったことをよく覚えています。

大谷翔平がゴミを拾う理由

「チャンスを生かす人」の話で思い出すのが、アメリカ・メジャーリーグで活躍する、前代未聞の〝二刀流〟大谷翔平選手です。私は野球のことはよくわかりませんが、大谷選手が競技の枠を超えてとんでもないことをやっていることはビシビシ伝わってきます。

誰にとってもマンガのような夢物語だったことを現実のものにし続けている大谷選手が、高校1年生のときに作成した『マンダラチャート』という目標達成シートを見て、なるほどと思うことがありました。

メディアなどで頻繁に紹介されているのでみなさんもご存じかもしれませんが、マンダラチャートでは、高校1年生当時の大谷選手の目標「8球団からのドラフト1位指名」が真ん中に掲げられ、その周りを9×9のマスに細分化し、大きな目標をかなえるためにすべきことが書き込まれていたのです。

夢を達成するのに必要な要素として大谷選手が挙げたのは、①コントロール、②キレ、③スピード160キロ、④変化球、⑤運、⑥人間性、⑦メンタル、⑧体づくり、の8つなのですが、私が注目したのは、⑤運の項目です。大谷選手は、目標をかなえるために必要な人間性を高めるために「仲間を思いやる心」「感謝」「礼儀」など直接野球の技術とは関係ない項目を挙げています。そして「運」の項目に直接結びつく欄には、「あいさつ」や「ゴミ拾い」と書き込まれています。

野球でもサッカーでも、高校生の部活動を中心にゴミ拾いやトイレ掃除、あいさつを徹底させる風潮はありますが、それはあくまでも教育的観点からです。しかし、私も大谷選手と同じように、プロサッカー選手として成功するためには、直接競技とは関係しないと思われている人間性や運とそれをつかむ力がものすごく大切だと思っています。

監督から「ゴミを拾え」と命令されたり、ゴミを拾ったら褒めてくれる人がいるからというマインドでゴミを拾っている人は、誰も見ていなければゴミを拾わなくなるかもしれません。しかし、大谷選手は、誰も見ていなくても、自分のために、運をつかむためにゴミを拾うはずです。

同じように「あいさつだけはきちんとしといたほうがいいよ」と子どもたちにアドバイ

スする指導者はたくさんいますが、それをなんのためにするのかということまでは教えられません。誰かが見ているとか心証をよくしようとしていたわけではなく、ただ当たり前にアントネッティさんにあいさつをしたことで始まった私のキャリアは、運が道を切り開くこと、運をつかむためには準備をしていなければいけないことを物語っているような気がするのです。

▽高い目標と成長のためのスモールステップ

目の前の現実的な目標に向き合い続けた成果

25年のプロ生活は自分の持っていたサッカーの才能から考えれば上出来だったと思えるのですが、「もっとこうしておけばよかった」ということがたくさんあります。

そのうちの一つが、「もっと早くからもう少しだけ上を目指していたらどうなっただろう」

ということです。「できない自分」を受け入れ、身近なライバル、少しがんばれば届きそうな目標を設定する、スモールステップで成長を遂げてきた私は、どちらかというと大きな目標を設定するのが苦手でした。

ジュニアユース、ユースを通じて「Jリーガーになること」を目標として設定したことはありませんでしたし、トップチーム昇格の話をもらったときでさえ、プロサッカー選手になれるとは思っていませんでした。

そんなふうですから、プロサッカー選手になってからも目の前の課題を着々と克服しながら成長をしていった実感はあっても、自分が想定した限界を突破し、自分の器自体を大きくするような発破のかけ方をしたことはありませんでした。

まずはガンバで試合に出ること。それがある程度かなってからはガンバでタイトルを獲ることを目標にしてきました。

目標、夢ですらなかった日本代表に

２００７年に日本代表に選出されたときは、ちょうど２００５シーズンにガンバがリーグ優勝をした後の目標を失っている時期でした。

数年かけて達成したガンバでタイトルを獲るという目標は練習生からスタートした自分には出来過ぎのような気がしていました。日本代表についても、同年代の〝黄金世代〟がスペシャルだったこともあり、どこか別世界の話というか、現実味のないものでした。私が少数派なのかもしれませんが、プロサッカー選手になってから一度も「絶対日本代表になってやる」という野心を抱いたことはなかったのです。

「そうじゃなくて、日本代表を意識したほうがいいよ。口に出して言ったほうがいいよ」

ちょうどガンバでのタイトルに続く目標を探しているような状態のとき、知人から「このままじゃダメだよ」と言われたことがありました。たしかに、当面の目標を達成した以上、次の目標をつくらなければいけません。

不思議なもので、自分の中で日本代表を意識し始め、周囲にも代表への意欲を伝えるようになった途端に、イビチャ・オシムさんから声がかかったのです。

オシムさんの視線に耐え切れず逃げたアジアカップ

サッカー選手にとって、「日本代表」というのはある種の勲章でありステータスでもあります。しかし、私は日本代表には苦い思い出のほうが多くあります。中でも、自分の目標設定について考えさせられた出来事が2度ありました。

1度目は、オシムさんが監督を務めていた2007年のアジアカップでのことです。ある試合で、オシムさんがベンチ横の私に向かって問い掛けました。

「いま、私の求めているプレーができるか?」

途中交代でピッチに入れということです。もちろん私は「はい」と答えました。しかし、オシムさんは、私の目をしばらくじっと見つめた後、何も言わずに私の前から移動していきました。結果的に交代出場をさせてもらえなかったのですが、「行けるか?」「プレーできるか?」というオシムさんの問い掛けに対する私の反応や表情、雰囲気が言葉とは裏腹に「not ready」と判断されたのだと思います。実際、そのときの私は、オシムさんが要求することのレベルの高さがよくわかるがゆえにビビっていました。

代表合宿に初めて呼ばれて以来、カラフルな複数のビブスを使った練習など、オシムさんの一見複雑なトレーニングを取材するメディアから求められて、何をしているのか?

どんな意図があるのか？　を解説する通訳のような役割をしていました。本能型でプレーする選手たちの中には、オシムさんが設定するトレーニングのルールに戸惑う選手はいましたが、自分には合っていました。感覚やフィーリングよりも頭で考えてプレーする私にとって、普段の練習よりもわかりやすくさえあったのです。

同時に、何回か招集されるうちにオシムさんが選手に何を求めているかもわかるようになってきました。

失敗やミス、ルールを間違えることが問題ではなく、一つひとつのトレーニングの中でどんな考え、意図を持ってプレーするかが大切だと気づくのに、時間はかかりませんでした。

オシムさんの様子を観察していると、合宿から外れて代表に呼ばれなくなる選手が見えてくるようになりました。

「あの選手は、考えていないことを怒られているな。そろそろかもしれない」

日本代表のメンバーとして誰がイエローカードで、次にレッドカードが出そうかがわかるようになっていました。

オシムさんの要求していることがわかっていたからこそ、アジアカップで「要求するプレーができるか?」と問われたときに、100%の自信で即答することができなかったのです。

描けなかった「ワールドカップで活躍する自分」像

2度目は、病に倒れたオシムさんの後を受けて9年ぶりに代表監督に就任した岡田武史さんの下、2010年南アフリカワールドカップを目指していたときのことでした。2009年は比較的代表にも呼ばれていて、岡田さんにボランチとして試されたこともありました。

ただし、私自身が、日本代表に招集されることで成長できていたかというと、正直わかりません。これまでのようにステップアップした分の課題を見つけてそれに追いつくというスモールステップのサイクルがうまく発動しませんでした。

それでも目前に迫る南アフリカ大会。ワールドカップに自分が出場できるかもしれないのに、雲をつかむような話に思えてしまい、「何がなんでもワールドカップに出場したい!」というモードにはなれなかったのです。

ちょうど岡田さんが、チームをアジア予選仕様から世界と戦うやり方にモデルチェンジして、「1人が1キロ多く走れば相手より1人多いことになる」とか、「接近・展開・連続」とか、インパクトのあるキーワードを挙げて、選手たちに日本代表がベスト4になるために本気で努力してくれと投げ掛けていた頃です。

大きな目標に近づくためのスモールステップ

もっと早くから「日本代表でプレーする」ことを目標としていたら、いや、もっと視座を上げて「日本代表でワールドカップに出場する」「日本代表をワールドカップで歴代最高位に押し上げる」という目標を持ってプレーしていたら……。もしかすると私は2010年ワールドカップで日本代表の一員として南アフリカの地で戦っていたのかもしれません。

ガンバの後輩でもある本田圭佑選手は、誰も彼が世界的選手になると思ってなかったときから「レアル・マドリードで10番をつける」という目標を掲げていました。しかもそれを周囲に積極的に公言していました。結果、レアルではありませんでしたが、ACミランで10番を背負うプレイヤーにまで成長しました。私と本田選手とでは持っているものが違いますが、自分も目標の設定基準を上にしていたら、結果的に着地するところはもっと上になっていたんじゃないかということはいまでも思います。

スモールステップで成長していくやり方は間違いではありませんが、両輪で多少無理目な大きな夢や目標を設定し、それに追いつくための手段として現実的な小さな目標をいくつも設定し、がんばるという方法が効率的です。私の場合は、自分を客観視する傾向が強いあまり、過小評価してしまって、目標が現実的になりすぎたということはいえそうです。

ただし、大きな目標はその大きさに応じてかかるストレスも大きくなります。

これから夢に向かって進む若い人たちには、客観的で冷静な〝もう一人の自分〟の視点を持ちつつ、周囲に笑われるような壮大な、大きな夢を持つことをおすすめします。

THINK.5 サッカーだけでなく〝人生〟を考える技術

▽文武両道のススメ

兄と姉が敷いてくれたレールとノウハウ

ここまで、オフ・ザ・ピッチでの思考法について、私の〝ちょっと変わった〟経験をもとにお話ししてきました。私がプロサッカー選手の中では異色の経歴を持つといわれる理由はいくつかありますが、その中で最もわかりやすいのが、サッカー目的ではなく勉強のために大学に通いながらＪリーガーとしてのキャリアをスタートさせたことでしょう。

先述したように、サッカーをやっていた兄、バレーボールをやっていた姉ともに、スポーツに本格的に打ち込みながら関西有数の進学校・天王寺高校に入学しました。そのため、私の中では天王寺高校に進み、大学に行くことは「当たり前」のような感覚がありました。両親もサッカーの応援は惜しみなくしてくれましたが、ガンバ大阪の下部組織にいるからといって、子どもそっちのけで前のめりになる様子はまったくなく、「勉強しろ」と言われた記憶しかありません。

兄は19歳でサッカーをやめ、神戸大学でアメリカンフットボールを始めて社会人リーグでもプレーしましたが、「お前たちの時代はＪリーグがあっていいな」とこぼしたことがあったので、時代が違えば兄もプロサッカー選手になっていたのかもしれません。

私の経歴がみなさんから文武両道と評価してもらえるのは、完全に両親の教育方針と、兄と姉が先に道をつけてくれた環境のたまものです。

早いうちからサッカーに全振りする危険性

幼い頃から強豪、有名とされるクラブのセレクションに受かって「うちの子はサッカーで食べていくから勉強は必要ない」と、サッカーに全振りしてしまう人生を肯定するような親御さんもたまに見受けられますが、これはおすすめできません。

ここまで私がお話ししてきたように、小学生の時点、中学生、高校生時点のサッカーの実力、序列そのままにプロ選手になれるのは、日本サッカーの歴史に名を残すレベルの一握りの天才しかいません。上には上がいるのです。

ましてや、運よくプロサッカー選手になれたとしても、カズさん（三浦知良選手）でもない限り引退する日は必ずやって来ます。長くプレーできた私でさえ、43歳で現役を引退し、その先の人生を歩まなければいけません。「アスリートのセカンドキャリア」なんていわれますが、自分の人生は一度だけで、サッカーをやめても生まれ変わるわけでもそれまでやって来たことがリセットされるわけでもありません。自分の人生を考えるなら、サッカーだけではなく勉強もしたほうが絶対にいい。学校の勉強が直接サッカーに役立つかと聞かれると答えに困りますが、サッカーをしながら勉強に取り組む、勉強を継続しながらサッカーでの成長を目指す取り組みは、プロサッカーキャリアを歩む上でもプラスになったことは間違いありません。

三角形のバランスを念頭におく

学生生活の中で、「サッカー」「勉強」「遊び」の3つの要素があるとします。まず大切なのは、自分の人生には、この3つの要素があると認識することです。サッカーに全振りしてしまった人は、「勉強」や「遊び」が選択肢から消えてしまいます。すべてを同じだけ、きれいな正三角形を描くようにバランスよくできればいいのですが、やはり人生はそんなに甘くありません。サッカーも勉強も超天才！　という人なら正三角形のバランスを保ったままやっていけるのかもしれませんが、天才ではない私を含めた多くの人たちにとっては、1日が24時間である限り時間が圧倒的に足りなくなります。

私の中学・高校時代は「サッカー」と「勉強」を両輪でがんばる代わりに「遊び」の部分をほとんどカットした、歪《いびつ》な二等辺三角形でした。

いまでも、学生時代に戻れるならわかりやすく〝ザ・青春〟という学生生活を送ってみたいというないものねだりの後悔があるくらい、「遊び」の要素は抜け落ちていました。

日本代表合宿のミーティングでイビチャ・オシムさんに「何かを得るためには、何かを犠牲にしなければいけない」と言われたことが心に残っています。オシムさんは、プロであるなら、日本代表選手であるなら、休んだり遊んだりする時間を惜しんで、サッカーにベストを尽くせと常々言っていました。それを聞いた私はたしかにそうだったなと自分の中学、高校時代を振り返っていました。

こういう話をすると、「やっぱりプロサッカー選手として成功するためには、勉強している場合じゃないんだ」とか「勉強しなくていいんだ」と解釈する人がいますが、勉強をすることは、自分の人生の選択肢を持つためにも、長い長いその先の人生を考える上でも大切です。勉強が大好き！　やりたくて仕方ない！　という人は少数派でしょう。私も勉強はできればやりたくないと思っていましたが、大学に行くため、今後の人生のために必要だから自分なりに工夫して取り組んでいました。

勉強は、オシムさんの言う「犠牲にしなければいけないこと」に当てはめるにはなんだかしっくりきません。そもそもやりたくなかった勉強を捨てて、人生の選択肢や可能性を自分から狭める必要はないというのが、人生の、プロサッカー選手の先輩としてできるアドバイスです。

効率と要領の良さで乗り切った中学時代

では私は学生時代にどんな勉強をしていたのか。サッカーをプレーするお子さんを持つ読者の方は、「サッカーと勉強の両立」の方法に興味があると思います。

中学生時代の私は勉強ができるほうでした。テストでも5教科平均で90点くらいは取れていました。学校の最上位層かといわれるとそこには届かないけれど、2番手グループくらいの感じでした。勉強の量は、塾にも通っていましたし、ジュニアユースの他の選手に比べたら多いほうだと思いますが、完全な効率重視。まず大切にしていたのは、「授業中に完結させること」でした。授業中に覚えるべきことは覚える。疑問が生まれても授業の中で解決しておくことです。テストに関しては一夜漬けタイプでした。先生が授業中に「ここはテストに出ます」と言ったところをしっかり記録しておいて、テスト前にはそこだけを徹底的に復習していました。

なぜ効率重視の勉強方法でいけたかといえば、これも兄と姉がいたからでした。兄と姉がこんなふうに勉強していた、こうしたらテストの点数が上がったという情報が蓄積されていて、私はその兄と姉の〝遺産〟をうまく使いこなすだけでよかったんです。

3兄弟の一番下、よくいわれることですが中学校は「末っ子の要領のよさ」でいい成績が取れていました。「あんた全部効率やね。効率ばっかで要領よすぎるわ」と姉によく言われていましたし、いまは妻によく言われます。

サッカーをやっていると、やはり勉強する時間を取るのが難しくなります。だからこそ、授業中に集中すること、効率よく勉強することが大切になります。部活を一生懸命やっている中高生の中には、授業中は休憩時間と、居眠りする子も多いですが、あれはものすごくもったいないと思います。私の場合、英語は塾でフォローアップしていましたが、数学と国語は完全に授業で完結させて、後はテスト前に復習するだけでした。

学校の部活ではなく、Jリーグの下部組織に通っていたことで違ったのは、移動時間が長いことです。初めのうちは自力で電車で通っていましたが、中3になるとわが家にそれまでなかったマイカーが導入されました。ちょうど中3になったタイミングで練習場所がモノレールの駅から徒歩で20分くらい歩かなければいけない万博に変わったこともあり、行きは電車、帰りは母が車で迎えに来て、車内で補食を食べながら塾に向かう毎日でした。熱心に試合を見に来てくれたとか、期待がすごかったとかの記憶はまったくないのですが、サッカーと勉強の両立はこうした家族のサポートの上に成り立っていました。いまさらながらですが、感謝しかありません。

勉強でも味わった大きな挫折

せっかくの著書なのに挫折した話ばかりで恐縮ですが、実は私、サッカーだけでなく勉強でも「これは場違いなところに来てしまったな」と思うような挫折を経験しています。

中学までは勉強ができるほうだったのですが、さすが有名進学校、天王寺高校では次元の違う頭がいい同級生がたくさんいました。学校自体も独特のカリキュラムで勉学に力を入れていたため、ガンバユースでプレーしながら授業についていくのに必死という状態になってしまいました。ガンバジュニアユースで経験したのと同じように、一気に落ちこぼれです。

中学は効率と要領のよさでなんとか乗り切りましたが、高校はそうは問屋が卸しませんでした。8時半だったか、8時25分だったか、始業の時間になると朝礼も何もなくいきなり授業がスタートして、あっという間に一日の授業が終わります。そこから急いで準備してジュニアユースの時よりさらに遠くなったユースの練習場所に移動を開始します。練習を終えて家に帰ると、時間はもう22時くらい。晩ご飯を食べてシャワーを浴びて、すぐに寝たいところを30分から45分だけは必ず机に向かってようやく長い一日が終わります。この繰り返しを3年間。「遊び」を犠牲にしたと言いましたが、このスケジュールの中には「自分の時間」と呼べるものすらまったくなく、プロになってからもこれだけハードな日々が続いたことはありませんでした。

ユースか高校サッカーか？

人生の選択でいえば、実は私は高校進学時点で「高校サッカー」という進路を希望していました。ジュニアユースの最終学年では、それまでの積み重ねもあり、まぁまぁいいポジションに上がって来ていましたが、ユースになればまた外からすごいヤツらがやってくるに決まっています。実際に新井場（徹）というすごい選手がユースに来るらしいというのがうわさになっていて、「またイチからやり直しか」という徒労感があったのです。

それならばと、進学先と定めていた天王寺高校で高校サッカー選手権を目指すというのも悪くないと思っていました。そのような思いを抱いていた中、中3のときに天王寺高校の初蹴りに参加させてもらったときにサッカー部の監督から「お前はガンバユースに行け」と言われました。ただ、そのときに入学後サッカー部の練習に参加してもいいと言われたので参加させてもらっていました。ジュニアユースの3年間を通して、基準がバグった環境の中で育てられた私は、進学校のサッカー部のレベル感ではなかったということかもしれません。実際、私自身も練習に参加していて物足りなさを感じてしまいました。楽しくやるという意味ではいいけど、勝負や競争で燃えられそうにない。そこはサッカーがうまくなりたいという負けず嫌いな性格が顔を出しました。結局、ガンバジュニアユースの監督から電話がきて、渋々ながらガンバユースに進むことになりました。

余談ですが、天王寺高校は、3学期制ではなく、前期と後期の2期制を取っている珍しい高校で、テスト期間が他の高校と違いました。そんなこともあり、ガンバユースがテスト休みの期間、天王寺高校サッカー部で練習していたのですが、ここでも長居公園での草サッカーのように、ガンバで突きつけられる「できない自分」「仰ぎ見るチームメイト」

ではなく、「できる、イケてる自分」を楽しむ時間ができたことは僥倖《ぎょうこう》でした。サッカーと勉強の両面で精神的にも肉体的にもキツかった高校時代に自己肯定感を保つのに役に立ったのです。

勉強しておいてよかったこと

「勉強がサッカーに役立つことはありますか？」

この質問をよく受けるのですが、勉強で得た知識が役立つということはあまりないと思います。しかし、問題を解くため、物事を考えるための論理的思考は、ピッチの上でも役に立っているように感じます。

私が得意だった教科は数学でした。答えが〇か×かはっきりするところも性に合っていましたし、ロジカルに正解を導き出す時間も好きでした。考えながら答えを導き出し途中式を残すことで解法を説明していくのは、サッカーのコーチングに役立ったような気がします。

考えながらプレーするかどうかは本人次第ですが、サッカーのピッチ上でそれを実現するためには自分一人の力だけでは難しいことばかりです。チームとして一つの方向に戦い方を集約する方法に監督が採用する戦術や作戦がありますが、瞬間瞬間のプレーでは、選手間の声掛けやコーチングがプレーの成否につながることも少なくありません。

ロジカルに考えたプレーを、筋道を立てて、しかも短く伝えるということは、数学と国語の組み合わせのようなものです。

身体的感性だけでプレーしている天才には通じないこともありますが、そういう選手は自分ができていることを論理的に説明する術を持っておらず、誰かと関わり合いながらプレーすることが苦手な場合が多いので、そういう意味では私がピッチ上で必要とされる、指導者に重宝される存在になれたということはあると思います。

サッカーにしても勉強にしても、自分の元々の能力を考えたら、かなり背伸びをした環境に身を置いていたことになりますが、ここで踏ん張り続け、少なくとも途中で諦めたり、やめたりしなかったことは、その後の人生にとても大きな影響を与えてくれたと思います。

的を絞ってテストを一夜漬けで乗り切ってきた中学時代のやり方は、天王寺ではまったく通用しませんでした。前期、後期の2回しかテストがないため、出題範囲が広いこともあり、とにかくある程度の量をこなさないと間に合わないのです。テストに出される問題の掘り下げ方も中学とは比べものにならないので、勉強時間は寝る前の30分から45分では絶対的に足りません。かといってサッカーの時間もあるので、自然と移動時間が勉強の時間になっていきました。

常に参考書を持ち歩き、グラウンドへの行き帰りの長時間移動を有効活用したのです。これは、プロサッカー選手になった後も生かされ、セルフマネジメントとしての時間の使い方は、たぶん他の選手よりうまかったと思います。

▽誰がなんと言おうと自分の人生は一つ

常に保険を用意していたからこそできたこと

新しい働き方として、複業やデュアルキャリアが注目されていますが、私がサッカーだけでなく勉強をしっかりやっていたのも、現代的なキャリアの考え方に通じるところがあります。

実は大学4年生のとき、両親からは「卒業したら就職したほうがいい」と言われていました。2年目に出場機会を得たとはいえ、1軍定着とはいえない状況で、サッカーだけでがんばる、いや、もう思い切ってサッカーは諦めて就職するんだという極端な答えを出せなかった私は、大学を1年留年するという選択をしました。恩師の教授から「留年なら来年新卒として就職活動ができる」と聞いたことも留年を決める大きなきっかけでした。

結果的には5年目のシーズンに西野朗監督と出会い、コンスタントに試合に出られるようになってようやく「プロサッカー選手としてがんばる」という決断を下すことになったのです。

考えてみれば、私は常に逃げ道や保険を用意して、自分なりの心理的安全性を確保した上で目標に向かって集中するという傾向があります。退路を断って、逃げ場がない状態で実力を発揮できる人もいるかもしれませんが、小学生や中学生のうちから自分の人生をイチかバチかのギャンブルにしてしまうのはリスクが高すぎます。

心理的安全性が確保された環境のほうが実力を発揮できる、パフォーマンスが高まるという研究結果もあるように、私は逃げ道や保険をうまく使って目標に近づいてきました。

「アスリートのセカンドキャリア問題」の問題点

プロ一本でやっていくと決めた後、サッカーだけに集中していたかというと違います。生まれながらの性《さが》なのか、どうしてもいつか必ず来る引退後の人生が気になります。ガンバ時代の２００６年にはマネジメントのための会社を設立しましたし、ヴィッセル神戸に在籍していた２０１２年には、小学生年代のためのサッカースクール、プエンテＦＣを事業の柱に本格的にビジネスの世界へ足を踏み出しました。

日本には、アスリートが現役生活と並行して起業したり、ビジネス活動を行うことに批判的な空気がまだまだあります。それでも、自分の人生を真剣に考えるなら、サッカーだけに集中して老後も安泰という一部のスーパースター以外は、現役時代から社会との接点を持ち、ビジネスに触れておく必要はあると思います。

「本業がおろそかになる」という批判に対しては、プロである以上、パフォーマンスや結果が伴わなければ言われても仕方ないのですが、社会経験や自分が興味のある世界を広げていくことは大切だと思います。私の場合、子どもたちにサッカーや運動を通じて身体だけでなく、心の成長や五感の発達を促すビジネスを展開することで、自身のキャリアを振り返ったり、サッカー選手としての自分の強み、特徴を改めて確認できて、プレー面でもプラスしかありませんでした。

現役を退いた現在は指導者を目指して活動をしていますが、経営者としてのこれまでの経験が生きる場面はたくさんありますし、サッカーだけやってきたのでは得られない感性や引き出しを身につけることができたと思います。

今後も、サッカーだけ、ビジネスだけということではなく、自分だけの〝たった一つの人生〟を充実させるために、できることを精いっぱいやっていこうと思っています。

「アスリートのセカンドキャリア問題」の前に、アスリートの人生におけるキャリアの問題を考えなければいけません。引退してから考え始めるから、セカンドキャリアになってしまうわけで、現役時代から、いやそれよりもっと以前、学生時代から、自分の将来の可能性を狭めないために、近視眼的視点でつぶしの利かないキャリアを選ぶことは極力避けるべきだと思います。

PART 2

オン・ザ・ピッチでの思考法

THINK.6
考えてプレーする技術

▽「考える」という武器

プロで生き残る術を教えてくれた「ポジショニング」

いまでこそ、テクニックやスピード、パワーとは別に、それをいつ使うのか？　という
プレー選択の重要性が知られるようになりましたが、私がプロサッカー選手になりたての

頃は、まだ、うまい、速い、強い、高いが主な選手の評価指標でした。現在ではジュニアの指導でも、サッカーのプレー選択のプロセスとして、認知・判断・実行という手順を教えるようになってきています。

そんな概念はまったく知りませんでしたが、速さ以外の〝わかりやすい武器〟で同期よりはるかに劣っていた私はジュニアユース時代からピッチの中では常に頭をフル回転させ、効果的なプレーを選択することを心掛けていました。

ナチュラルにやっていたのが、プレーの先読みです。攻撃時ならボールを受ける前、守備の局面なら相手のボールホルダーと直接絡む前に、周囲の様子をよく観察して、数手先がどうなるかをシミュレーションしていたのです。

自分が他の人より考えてサッカーをしていると気がついたのは、皮肉なことにプロになって数年が経ち、「このままでは消えていく」という危機感を持ったときのことでした。

危機感と生き残るヒントを同時にくれたのは、ガンバ大阪のコーチをしていた堀井美晴さんでした。

「お前の特徴はなんだ?」

堀井さんがトップチームのコーチだったときか、サテライトのコーチだったときかは忘れましたが、サテライトチームの練習でこんな声を掛けられたのです。

「プロのレベルで胸を張れるほど突き抜けたスピードはないし、ドリブルで相手を置き去りにできるわけでもない。体の線も細くて対人プレーや空中戦が得意なわけでもなく、シュート力もそこそこ。そんな選手がどう生き残っていけるのか？」

堀井さんは、なかなか答えが返せない私に、「このままでは無理」という厳しい評価とともに、「ポジショニングっていうのもあるぞ」というヒントをくれました。

ポジショニングと聞いたとき、なぜそれが武器になるのかすぐにはわかりませんでした。しかし、よく考えてみると、ジュニアユース時代から私が他人を出し抜く「これ」という武器を持っていたことはありませんでした。その中で、なんとかやってこられた。

プロの世界で特徴とするにはまだまだ不完全だけど、自分がどこにポジションを取れば自チームの中盤がうまく回るとか、ここに立っていれば相手は簡単に前線に飛び出せないとか、そういう工夫はずっとやってきたことでした。明日突然足が速くなることも、背が伸びることも、天才的なボールフィーリングが発動することもありませんが、ポジショニングの工夫はできます。

「戦術眼を磨いて、的確なポジショニングを取れるようになれば、プロでも戦える武器になるかもしれないぞ」

堀井さんは、当時柏レイソルでプレーしていた明神智和さんの名前を挙げて「身体のサイズも同じくらいだし、明神を見習ってみてはどうか？」とアドバイスをくれたのです。

そのときの私は、後に代名詞的ポジションになるボランチのポジションではプレーしておらず、堀井さんが指摘したように武器がなく、空いたポジションの穴埋めに使われる〝器用貧乏〟な便利屋プレイヤーでした。

明神さんのプレーに着目するようになって、自分が心掛けていた「考えて動く」「先を読む」ということを武器に、攻守にわたって中盤を仕切るような影響力を発揮する選手がいることを知りました。

「目に見えづらいけど、ポジショニングは武器になる」

このときの気づきが、西野朗監督就任後のボランチ定着、ヤット（遠藤保仁）とタッグを組んだダブルボランチへとつながっていきました。

同世代の小柄なユーティリティプレイヤー・酒井友之の強み

堀井さんに言われて、一人思い出した選手がいました。私と同じ1979年生まれで、黄金世代の一員としてワールドユース準優勝にも貢献した酒井友之です。ジェフのアカデミー出身の酒井は、身長170センチあるかないかの小柄な体格なのに、ボランチとして存在感を示し、才能ひしめく世代のレギュラー格として活躍していたのです。正直私には酒井のすごさがイマイチわかっていませんでした。なぜ起用されるのか？　ワールドユースでは、フィリップ・トルシエ監督が右サイドハーフにコンバートしてまで酒井を使い続けたのはなぜなのか？　それが「ポジショニング」という視点を手に入れてからはっきりとわかったのです。

酒井は、育成年代のときから相手のプレーの特徴や立ち位置を頭に入れた上で、効果的なポジショニングをしていました。考えているといっても、当時の私はプレーを先読みする、味方の選手の動きを予測して動くくらいのことしかできていませんでした。

「的確なポジショニングが取れたら試合に出られるかもしれない」

それまでなんとなくやっていた、「考えてプレーする」ことが、身につけるべき技術として クリアになった瞬間でした。

隣にいたボランチの〝お手本〟遠藤保仁のすごみ

考えてプレーすることにかけては、ガンバではダブルボランチを組むことも多かったヤットを抜きに語れません。フリーキックの名手という決定的な武器を持っていますが、ヤットも玄人好みというか、わかりやすく目立つタイプではありません。恥ずかしながら、私もガンバで一緒になって感じたのは、「イナ（稲本潤一）は無理やけどヤットやったら追いつけるかも」という安易な感想でした。

ヤットに関しては、サッカーを見ている人なら誰でも「すごいのは知っているよ」と思うかもしれません。しかしヤットには、ピッチレベルで横に並んでみて初めてわかるすごさがありました。

中盤でボールを受けたものの、前線の選手が動き出しておらず、ボールを持っている私の位置からは有効なパスコースがないように見えることがあります。その場合、ボールを持ち替えたり、ドリブルしたりしながらパスコースができるのを待つのですが、ヤットはそんなとき必ず「こっち空いてるよ」と私の視界に入ってきてくれ、ボールを受け取れるポジションを取ってくれるのです。自分がボールを受け取らなくても、私には見えていないパスターゲットを、声を張り上げるでもなく、ボソッと教えてくれる。何気ないプレーですが、これが攻撃の起点になったり、縦に速く攻めるスイッチになったりするのです。

失礼な話なのですが、「教えてもらっても自分に同じことはできない、聞いてもムダ」と思っていたイナとは違い、ヤットには最初からいろいろと質問していました。特別仲がいいわけではありませんでしたが、ヤットが何を考えてプレーしているのか、どこを見ているのかにはすごく興味がありましたし、同じボランチをやるようになってからは参考にさせてもらう目的で試合中や試合の合間にいろいろ質問をしていました。

ヤットも口数多く教えてくれるタイプではないので、ヤットの言葉と実際選択したプレー、その結果から意図をくみ取って自分なりに考えることが増えました。

宮崎の合宿で、練習試合をやったときに、ヤットが相手にプレッシャーをかけて私がいるほうに動きを限定してドリブルをさせるような動きをしたことがありました。私はその動きに気づくことができず、ドリブルへの対応が遅れてクロスを上げられてしまったのですが、そのプレーの後にヤットが近くに来て「ハシあそこにおったから、相手をそっちに行かせたタイミングでボール奪いに来てくれへん?」と言うのです。ヤットは、一人でボールを奪いきるシチュエーションだけでなく、周りと連携して相手の動きを誘導して、ボールを奪うことまで考えてプレーしていたのです。

実は理論派、考えるストライカー・大黒将志

意外な(?)思考力を持った選手として挙げたいのが、ガンバユースの1年後輩でもある大黒将志です。大黒といえば、ガンバユース同期の天才的なパッサー、二川孝広とのホットラインでゴールを量産したストライカーです。

ストライカーというと、あまり難しいことを考えずに自分の形に持っていってズドンと決めるエゴイスティックなイメージか、ポジショニングといってもオフサイドラインをかいくぐって抜け出すくらいのものと思っている人が多いかもしれません。

私も後に大黒と話してみて初めて知ったのですが、彼は点を取るために中盤でのパス回しなど少なくとも3手前のプレーを起点に先を読んで動いていたというのです。そのため

に、海外の優れたストライカーの映像を食い入るように見て参考にし、自分の出た試合のビデオを必ず振り返り、自分の動きとチームメイトの動き、クセをチェックしていたそうなのです。大黒が雑誌のインタビューで「偶然はダメ。理屈でやるからゴールを決められる」と言っていたのですが、フランスやイタリアを経て、２０１９年までの22シーズンで２２２ゴールを決めた理論は、最近話をしてすごく納得がいくものでしたし、自分に近いものを感じました。

選手生命の危機を救ってくれた〝オシムの言葉〟

ポジショニングと並んで、もう一つ、私のサッカーの思考力を進化させてくれたのは、やはりイビチャ・オシム監督でした。

２００７年に代表合宿に呼ばれて感じたのは、「考える」の中身の部分でした。「味方にとって助けになるプレーや動きをしなさい」「常に相手が嫌がることを考えなさい」、「ゲームに勝つために何をしなければいけないのかを考えなさい」……。

オシムさんにとってはサッカーをプレーするということは常にそれらを念頭に置いて、

意図を持ってプレーすることだったのです。

当時の私は、所属するガンバで自分がボールを持っているとき以外の時間でもチームに貢献できているという手応えを感じ始めていました。ボランチとして明神さんやヤットと組んで中盤でプレーし、勝利に貢献できている実感がありました。ところが、2007年のシーズン冒頭、西野監督に呼ばれて「左サイドバックもやってくれ」と言われたのです。

「これは終わっていく流れやな」

ボランチで結果を残して、自分でも手応えを感じていただけに、私はこのコンバートに本当に危機感を覚えていました。

そのタイミングで日本代表に初選出され、オシムさんからは意外な言葉をかけられました。

「左サイドバックもやっているみたいだな。情報は入っているぞ。いろいろなポジションでいろいろな役割をこなしている点はいいぞ」

そんなようなことを言われたんです。

この言葉と、オシムさんが打ち出した、「水を運ぶ人」「ポリバレント」というキーワードには本当に助けられました。

「味方を助ける動きをしろ」と言われたことで、サイドバックでのフリーランニングをさらに一生懸命やるようになりました。たぶんデータ上も日本代表招集後にフリーランニングが飛躍的に増えていると思います。ボールが来るか来ないかわからなくてもサイドの攻防で押し込むために前線に動き出し、オーバーラップした際は、チームの得点王、マグノ・アウベスのためにGKに突っかけていってシュートチャンスを演出する。

守備でも味方のピンチには必ずカバーリングのポジションを取って得点につながりそうなコースを消していく。サイドバックへのコンバートには納得いかないところもありましたが、チームのためにできることを考えて、他人のために走り、スペースを埋める動きを一生懸命やりました。

器用貧乏から脱してボランチで自分なりのオリジナリティを出せたと思った矢先に降って湧いた配置転換に、自分のキャリアもここまでかと思ったくらいでしたが、オシムさんがチームに貢献するプレイヤーをきちんと見ていて、評価していることを知って、私がプロの世界で戦える武器がもう一つ増えたような気がしました。

考えながらプレーすると見えてくる世界

私が現役時代に関わりがあった選手の中で、何人か思考力の高い選手を挙げましたが、この他にもケンゴ（中村憲剛）、ケイタ（鈴木啓太）、現役プレイヤーだと独自のずる賢いプレーを〝モリーシア〟と名づけて実践している守田英正選手など、自分と似た考えでピッチに立っているなと感じるプレイヤーは何人かいます。

私が「この選手は考えてプレーしているな」と判断するためのものさしにしているのが、「目線」と「姿勢」です。

これはピッチの中で相手選手を見ていたときから思っていたのですが、引退して、解説者や指導者として選手を見るようになって、余計違いが鮮明に見えるようになりました。

「目線」と「姿勢」とはどういうことなのか？

指導のお手伝いをしているクラブがいくつかありますが、どのクラブにもチームとして目指す方針、コンセプトがあります。細かい決め事とは違いますが、チームとしてこうしていこうという基本戦術はコンセプトに集約されているはずです。

「このチームでは、ビルドアップってどうやってやっているの？　わからないから教えて」

お手伝いしているチームでこんな質問をしたことがあります。もちろんみんな、ビルドアップの言葉の意味は知っています。しかしどんなふうにやっているのかを説明できる選手はほとんどいませんし、それをピッチで見せてと言ってもそれぞれが同じコンセプトに沿ってやっているとは思えないプレーになってしまうことがほとんどです。

チームのコンセプトが決まっていれば、ビルドアップのやり方を細かく指示されていなくても、ある程度の共通意識が生まれるはずです。それがあれば、みんな目線が定まり、パスを出す準備、ボールを受ける準備がしっかりできるので、姿勢がブレることもなくなります。

どうビルドアップするべきかわかっていない選手は、ボールが来てから考えるというサイクルでプレーをしています。これではボールがそこでノッキングを起こしてしまいますし、考えてプレーしている状態とはいえません。

　プレー中の選手の「目線」を見ていればその選手が次のプレー、数手先のプレーを考えてプレーしているかどうか一目瞭然です。同じように「姿勢」を見れば、その選手が主体的に動いてプレーしているのか、相手に〝動かされて〟いるのかがわかります。

　ぼんやりと試合を見ていても、「目線」と「姿勢」を見れば、その選手が考えてプレーしているか、それとも場当たり的にプレーしているのかがわかるのです。

　ケンゴ（中村憲剛）とオンラインサロンで対談したときに、「目線」に近い話になりました。私自身、おこしやす京都でプレーしているときに気がついたのですが、コーチはいつも「見ろ！」と指示を出しますよね。ドリブルなどの基礎技術も顔を上げる、いわゆるルックアップした状態をつくるためだと教わります。でも肝心な「何を見るのか」がわかっていない選手が意外と多い。

「首を振れ」ということもよく言われますが、周囲を見渡すためには首を振ることが大切なのは間違いありません。しかしただ首を振るだけではなんの意味もありません。

　ケンゴと盛り上がったのは、何をどこまで見るか。ボールと自分、相手との関係性、スペース、近づいてきている相手選手、自分以外の味方……。たくさんの情報量の中で、必要な情報だけを的確に拾い出し、数手先、数秒先にどんな状況になるのかを予測するところまでできれば、日本代表クラス、一流選手といえるかもしれません。

THINK.7
チームを勝たせる技術

▽チームを勝たせるプレーとは？

個人技だけでは勝てないサッカーの難しさ

『THINK.3　サッカーを考える技術』の項で、私はサッカーの特徴を「11人で助け合いながらできるスポーツである」と述べました。そしてそこに、個人の能力だけで試合が決しない〝余地〟があります。私のような〝持たざる者〟はその余地にいろいろな可能性を見ることができるのですが、すでに長い歴史が証明しているように、能力に優れた選手を11人並べても勝てないことは、サッカーというゲームの難しさを象徴しているかもしれません。

私が中学校2年生のときのことです。まだまだチームの主力とはいえなかった私は、クラブユース選手権に臨むガンバ大阪ジュニアユースのベンチメンバーとしてチームに帯同していました。予選リーグのある試合、残り時間15分で負けているというシチュエーションで、私に出場機会が巡ってきました。

出場したポジションはFWだったのですが、ベンチで試合を見ているときからチームメイトが中央に固まっているのがとても気になっていました。

「おーいこっち、フリーー！」

自分よりうまいやつしかいないチームで萎縮していた頃だったので、自分でも信じられないのですが、右サイドにスペースを見つけた私は、ピッチ中央で混戦を繰り広げているチームメイトに向かって、それまでガンバでは出したこともないような大きな声で呼び掛けていました。焦りから中央突破にこだわっていたガンバと、それに対応するためにゴール前を固めていた相手チームの状況もあって、右サイドに張り出した私のポジショニングは効果てきめんで、右サイドからのクロスでチャンスを演出し、私をマークするために相手がサイドもケアしてきたことで中央が手薄になるという「途中交代の教科書」のような働きをしました。

チームは私の投入によってゲームの流れを変えることに成功し、残り時間わずかで同点に追いつき、ＰＫ戦で勝利を収めました。ＰＫも４番目に蹴って、ゴール左上にズドンと決めたことをよく覚えています。

ボールを持っていなくても勝利に貢献できるのがサッカー

このとき、なぜ急に覚醒したのかは自分でもよくわかりませんが、試合後に監督に「状況を把握していいポジションでプレーしていたな」と褒められました。

考えてみると、この試合でもドリブルで切れ込んだり、ロングシュートで同点に追いついたりしたわけではありません。攻めあぐねている味方が中央に固まり、それに応対する相手チームの選手もピッチの真ん中に密集しているのを見て、右サイドにポジションを取ったことが、流れを変える一手となったのです。

「うちにはボールを持ってゲームの流れを変えられるヤツはいっぱいいるけど、ボールを持っていないプレーで流れを変えられる選手は珍しい」

当時のジュニアユースの監督にそう評された私は、その後試合への出場機会を増やしていきました。

監督に「ボールを持っていないプレー」を褒められたとき、ものすごく納得した自分がいました。なぜかというと、そのときの私は、別にボールが回ってこなくても全然よかったんです。

ガンバには、絶対的エースだったフジ（藤原将平）がいる。点を取るのはフジでいいし、フジがやりやすいようにスペースを空けられればうちのチームは勝てる。下手くそな自分がボールを持ってディフェンスされてロストするくらいなら、ボールに触らずに声出して走ってマークを引きつけるだけでいいと本気で思っていました。

こういう〝覚醒〟は何度かあって、高校3年生のときに出場した国体でも、残り15分で劣勢をガラリと変えてチームを勝利に導いたことがありました。

ジュニアユース、ユースでそういう考え方をすることがいいかどうかはわかりませんが、私が試合のときに考えているのは、いまも昔も、どうやったらチームが効率的に勝利を収めることができるかです。

もちろんシビアに結果が求められるプロになってからは、できれば点を取るとかアシストするとか、自分がわかりやすい活躍をしてチームが勝つほうがいいと思うようになりましたが、チームの勝利に貢献するプライオリティが高いのは変わりませんでした。

ラモス、カズより武田を目で追い掛けていた少年時代

Jリーグ開幕当初、ラモス瑠偉さんやカズさんこと三浦知良選手擁するヴェルディ川崎（当時）が全盛期を迎えていました。FWだった私は、小学生の頃はカズさん、ジュニアユースに入った中学生の頃は武田修宏さんの動きを目で追っていました。

変わった中学生だったというと武田さんに失礼かもしれませんが、いわゆる〝ごっつぁんゴール〟が多いとされていた武田さんの動きは、まさに私が理想とするものでした。

ジュニアユースに進み、武田さんのプレーが自分の理想型と気づいて、意図的にカズさ

んから武田さんに〝乗り換え〟たのです。だって、ラモスさんとカズさんの役割はほとんどフジやイナ（稲本潤一）、優れたテクニックを持つチームメイトたちがやってくれるんです。私は彼らがプレーしやすいようにマークを引き連れてスペースをつくり、GKがはじいたときには必ず詰めてゴールを狙えばよかったのです。

実際、フジの強シュートがGKにはじかれたところをインサイドで詰めてゴールしたパターンが何度かありました。足の速さには自信があったので、フジの速攻にもついて行けて、ちょっと遅れてゴール前に詰めるのはわけのないことでした。

自分ができないからこそ、他人を生かす。できる人に助けてもらう。フォアザチームといえば聞こえはいいですが、私の「献身的な」とか「利他的な」と表現される渋いプレーの原型はこんな背景から誕生したのです。

▽サッカーにおけるコーチングの重要性

声でわかる味方との距離感

もう一つ、勝利に向かってチームを機能させるときに重要だと思うのが、コーチングです。

ボランチは主にピッチの中央でプレーするので、サッカーのポジションの中でも比較的多くの選手と関わりながらプレーをするポジションです。味方の選手に声を掛けて動いてもらうことも多いですし、監督の意図するところをピッチレベルで浸透させるための声掛けをすることもあります。

私は、コーチングの仕方にも思考力が関係していると思います。

ガンバ時代の西野朗さんがよく言っていたのですが、選手が試合中に声を掛け合うことには意味があると。声でその選手との距離がわかるというんです。声が遠ければ、その選手とは離れている。近ければ近くにいる。イルカやコウモリの超音波ではありませんが、音を出すことで、わざわざ視線を向け、直接目で見なくても場所を把握できるというわけです。

それと似た話で、私は味方の声の距離感も意識していましたが、照明とか太陽でできる影で味方や相手の位置を把握していました。『イレブン』というマンガで読んで試してみたのですが、プロになる頃には本当に影を見て顔を上げずに相手や味方の位置を把握することができるようになっていたのです。

強さとタイミング、適切なコーチングとは？

コーチングの面で現役時代「よく考えているなぁ」と感心したのは、現在は科学的腸活メソッドを開発する事業を行うAuB株式会社の代表を務めているケイタ（鈴木啓太）です。日本代表でも一緒になりましたが、浦和レッズ時代の彼は、（田中マルクス）闘莉王のような闘志むき出しのセンターバックと連携を取りながら、うまく中盤をまとめていた印象がありました。

引退後に対談をする機会もありましたが、彼の発信力と、言語力には目を見張るものがあります。これは何も、ユーチューブなどでのしゃべりがうまいという話ではなく、現役時代から自分の主張はストレートにするけど、あつれきを生むような言い方ではなく、お互いの意見を交わす対話になるようなトーンで話せる。その伝え方がすごく上手だなと思っていました。

現役時代に私が声掛けの参考にしたのは、身近なガンバ大阪のチームメイトたちです。ガンバがリーグ初優勝を果たしたときのセンターバックで、2006年からはキャプテンを務めた山口智さんは、かなり強めのトーンでガツンと声掛けするタイプでした。ピッチで起きたことを起きた瞬間に指摘する。なんならまだ起きていなくても誰かがサボったり、行かなかったりしたことに対して強く言う役目をしていました。

対話をするというより、一方通行でも言うべきことは言うという感じで、そこにはきちんとしたプレーの裏づけもあるので、サトシさんに言い返す選手はほとんどいませんでした。

よく通り伝わるヤットのコーチング

一方で私が一番参考にしたのは、ボランチでコンビを組んでいたヤット（遠藤保仁）の声掛けです。

　ヤットは、サトシさんとは対照的にトーンが常に一定なんです。もちろん味方のミスに対してイラっとすることもあると思うのですが、様子を見ていると「イラッとしたからといってその感情をぶつけてキツい言い方をしても別にあんまり変わらない」という達観したような雰囲気がありました。

「右」とか「左」とか瞬間的な指示はもちろん、「こう行ってくれる?」「こうしたほうがいいんじゃない?」というアドバイス的な声掛けまで、柔らかく伝えることが多く、言葉も短めなのがヤットの声掛けの特徴です。それほど頻度も多くないのですが、みんなが耳を傾けたくなる言い方をしているなという印象があります。ヤットの声は、まったく大きい声ではないのですが、試合中でもよく通るんです。必要最低限に伝わるメッセージを届けられるのはいいなぁと自分がコーチングする際の参考にしていました。

　私のコーチングはといえば、サトシさんとヤットのちょうど間くらいでした。声を掛けるタイミングとしては、サトシさんに近く、現象が起きてすぐか、起きる前に伝えることもありました。言い方については、状況や相手によって変えていましたが、それに意味があると思ってあえて強く伝えるとき以外は、それほど声を荒らげることはありませんでした。

割と人を見て対応していたところはあって、外国人選手にワーッと言われたら、そのトーンでそのまま返したりするのは平気でした。外国人はピッチ上で多少激しく言い合っても、それをピッチの外に引きずることはないとわかっていたので、私も思いきり言いたいことを強い口調で言い返すということはよくありました。

ただし、おこしやす京都時代にガーナ人の選手が数人いたのですが、彼らとのやりとりには少し失敗したなと思うことがありました。

そのガーナ人選手たちは、私が日本代表としてプレーしたこと、上のカテゴリーでプレーしていたことを知っていて、リスペクトしてくれていました。その関係性で、いつもの外国人に接するような対応をしてしまったら、萎縮してしまうのは当然です。私としては通訳の人に「もっとちゃんと伝えて」と言ったつもりだったのですが、その様子を見ていたガーナ人選手が、自分たちがすごく責められていると誤解して落ち込んでしまったということがありました。

コーチングや声掛けは、あくまでもチームの勝利のため、チームをよくするためのコミュニケーション手段なので、きちんと伝わるということを主眼に置いてタイミングや伝え方を工夫する必要があります。そういう意味では、コーチングも頭を使ってやる必要があり、考えることで進化させる余地がある技術の一つでしょう。

チームの勝利に貢献する要素とは？

サッカーは完全なチームスポーツで、お互いに助け合うことができるスポーツですが、プロサッカー選手はある意味で孤独で、結果が出なければ首を切られてしまうシビアな世界に生きています。

サッカーの試合で、勝利に貢献するということがどういうことかは、実はまだはっきりと解明されているわけではありません。サッカーにもデータ分析の波が押し寄せ、本当に細かく膨大な量のデータが得られるようになりました。しかし、得点やアシストなどの結果に直結するスタッツ以外で、勝利に貢献する、「この数字が高ければ試合に勝てる」という明確な代数は見つかっていません。野球選手の評価査定を一変させたというマネーボールのような変化は、サッカーにはまだやって来ていないのです。

私も数字やデータになりづらい貢献をするタイプの選手でした。現役時代のあるシーズン、タックルしてボールを奪取した数からボールを奪取できなかった数を引いた「タックル数」でリーグ1位だったことがありました。これはJ-STATS Optaというデータプロバイダーが収集、提供するデータに基づくものだったのですが、私としてもそのシーズン、ボール奪取を目標に設定し、中盤の守備でチームの勝利に貢献したという意識があり、それが数字になって表れたことに手応えを感じていました。しかし、クラブの査定ではタックル数の評価はまったくありませんでした。私は自腹でデータを購入し、契約更改の際に交渉材料として提出したのですが、当時はサッカーをデータで見るという概念はほとんどありませんでした。

また別のシーズンでは、ある番組の集計で、私の「ゴールから3つ前のパスが一番多い」というマニアックなデータが使われたことがありました。ゴールに直接つながるパスはアシストとして記録にも残りますが、3つ前のパスは記録上は〝ただのパス〟です。しかし、サッカーのプレーは局面を取り出してその良しあしを判断できるものではなく、連続性や継続が重要です。ゴールから3つ前のパスが、攻撃にスイッチを入れるパス、ゴールのきっかけになったと考えると、こちらも勝利に貢献するデータといってもいいのかもしれません。

ＦＷであればゴール、攻撃的中盤の選手ならアシスト、ＧＫならシュートストップと、ゴールに絡むプレーは評価されやすい傾向にありますが、サッカーの試合時間の90分のほとんどは、ゴールを目指すための準備段階であり、直接的にゴールに関与しない選手たちによって形づくられています。

プロでさえもなかなか評価してもらえないのですから、育成年代の成長過程でチームの勝利に貢献しているかどうかをきちんと評価してくれる指導者は少数派かもしれません。しかし、サッカーの目的は相手よりも1点でも多く取ってゲームに勝利することです。そのために自分ができること、貢献できる方法を考え抜くことは、きっとあなたの成長につながるはずです。

THINK.8 試合を〝支配〟する技術

▽試合を支配するとは？

試合の主導権を握るために必要なこと

サテライトリーグにいた頃のことです。現在、ファジアーノ岡山の監督をされている木山隆之さんが、ケガ上がりでサテライトの練習に参加したことがありました。確認すると、木山さんは私がトップチームに昇格した1998年にはコンサドーレ札幌に移籍しているので、私が高校3年生、ユース在籍時にサテライトに参加したときのことですが、なぜかそのときのことはすごく記憶に残っています。

10人くらいでGKありの一方通行のゲーム形式のトレーニングをしたんですけど、木山さんの後ろにボールを通すのがめちゃくちゃ難しかったんです。

木山さんのポジションはセンターバック。ましてや骨折だったかのケガからの復帰調整期間だったので、運動量もそれほどあるわけでもなく、躍動感でいえば若いサテライトメンバーのほうがずっとありました。でも、なんか邪魔というか、木山さんが絡むとめちゃくちゃパスが通しづらくなる感覚がありました。

いま思えば、それがサテライトとトップチームでプレーする人の明確な差で、木山さんは動いてないようでいて、自分の立ち位置を調整したり、他のプレイヤーに声掛けして少しポジションを変えさせることでパスコースの選択肢を消していたのです。

そのときは「この人めっちゃやりづらいな。すごいテクニックがあるとか、うまいとかじゃないけど、トップで出てる人はやっぱりなんか違うなぁ」くらいに思っていたのですが、自分の成長とともにあのとき木山さんがどんなロジックで動いていたのかがわかるようになりました。

現役を退いた44歳が高校生に圧勝できる理由

つい最近、これと似たようなことがありました。指導のお手伝いをしている高校でのことです。私は指導のお手伝いで中に入ってトレーニングを一緒にやることも多いのですが、その日のトレーニングではスタートから高校生と同じメニューをこなしていました。スプリントを何本もやった後に3対3のライン突破をやることになりました。

相手は選手権を目指す現役バリバリ、ピチピチの高校生です。

「これちょっと厳しいかなぁ？　でも、この子らもスプリントで疲れてるか」

そんな気持ちでライン突破のトレーニングにも引き続き参加したのですが、それまでスプリントで見せていたスピードがウソのように全員がスローモーションに見えるんです。最初のうちは外から見ていたのですが、思わず「おっそ」と声に出してしまうくらいすべてが遅く見えたのです。

「これやったらいけるわ」と中に入って動くと、私が入った途端に私たちのサイドのチームが圧倒するようになりました。「ここ行きそうやからちゃんと消しといてな」「縦だけ切っといて」「こっちからここのカバーしてね」と、味方の選手に指示を出し始めたら、あっという間に相手はもう横にしかボールを動かせなくなりました。

手詰まりになった相手は、固まって中央突破するために突っ込むしかなくなって、もう後はそのタイミングでボールを取りに行くだけなんです。ボールを取ると攻守が入れ替わるので、私はその瞬間から味方に指示を出して難なくブレイクに成功しました。

ただし、スプリントが効いたのか、ライン突破のトレーニングできっちり肉離れしたというオチがつくのですが……。

きっと高校生も、私がサテライトで経験したような「キツネにつままれたような気持ち」になったと思います。1対1で運動量や一瞬の速さで勝負したら負けるかもしれません。でもサッカーは1対1でやるスポーツではなく、チームで攻めたり守ったりするスポーツです。ポジションや味方同士の位置関係を調整すれば、相手の攻撃の選択肢を限定して〝あえて〟攻めさせる、攻めてきたところを狙ってボールを奪うという簡単な戦術が即興でできるのです。

高校生の紅白戦に駆り出されることもありますが、一緒に戦った選手から「なんでそんなにセカンドボールが拾えるんです?」とか、「なんでそこにいるんですか?」と聞かれます。彼らにしてみれば、やっぱりそんなに動いてるように見えないおじさんが、なんでそんなに存在感があるのかが不思議なのでしょう。

サッカーには、ボールタッチ数だけでは測れない存在感、「ピッチを支配する」能力や技術があります。

▽ボール支配率とゲーム支配

ボールを保持しなくても大金星を挙げた日本代表

「ピッチを支配する能力」というと、なんだか限られた天才だけが持つ特殊能力のように思えます。しかし、割合の差はあったとしても、ピッチに立つ11人は誰でも必ず試合の成り行きに影響を与えています。

最近では、それだけを取り出して論ずることは少なくなりましたが、一時、ペップ・グアルディオラ監督時代のFCバルセロナのポジショナルプレーに影響を受け、自分たちがボールを保持している割合を示す、ボール保持率、ボール支配率をやたらと気にする傾向がありました。

2022年カタールワールドカップでの日本代表は、グループリーグでドイツ代表、スペイン代表を撃破し、〝三笘の1ミリ〟が大きな話題を呼びました。海外メディアを中心に同じくらい話題になったのは、日本代表のボール支配率の低さでした。FIFAの公式スタッツによると、ドイツ戦はドイツ65%に対して中立を表すインコンテストが13%、日本は22%。スペイン戦に至ってはスペインが78%、インコンテストが8%、日本は14%という低さでした。

バルセロナやスペイン代表などポジショナルプレーを掲げるチームは、ボールを保持することでゲームの主導権を握り、主体的に攻撃をする、物理的な守備機会を減らすことで失点リスクを減らす効果を狙ってボール支配率を高める戦術を採用しています。しかし、カタールでの日本ほどじゃないにしても、押し込まれていたチームがカウンター一発で勝利するということはサッカーの世界ではよくあることです。

ポジショナルプレーの優劣はここでは話題にしませんし、ボール支配率をまったく気にしなくていいとも思いませんが、ボール支配とゲーム支配はまったく別のものだということはいえるかもしれません。

▽〝パスセンス〟の正体

局面を変えるプレーとは？

ゲームを支配するのに求められるのは、局面を変えるプレーです。一つのシュート、一つのパスが得点に直結すればそれはわかりやすく局面を変えたプレーといえます。しかし、私が得意としていたのは、もう少し地味な、その瞬間にはそのプレーが局面を変えたかどうかわからないくらいのプレーです。

一発のパスで相手のディフェンスラインを切り裂くスルーパスは、局面を変えるプレーの代表格でしょう。私も数は少ないですが、アシストになるスルーパスを出した経験はあります。しかし、ガンバ大阪時代にボランチでコンビを組んだヤット（遠藤保仁）や、前線の二川（孝広）は、平面的なディフェンダーの間を抜くスルーパスだけでなく、空間を立体的に見て上空のスペースも使ったスルーパスが出せるのです。私には、ループパスをする技術はあっても、瞬時に3Dのスペースを見つける能力はありませんでした。

その代わりといってはなんですが、前述したように、「ゴールから3つ前のパス」を出すのは得意でした。ボランチのポジションから直接FWに決定的なパスを出すのではなく、FWのポジションを確認した上で、その選手の特徴を念頭に最終的にシュートが打ちやすい形に持っていくための仕込みをするパスを出すのです。

観察と経験、準備から生まれる局面を変えるパス

ゴール3つ前の局面を変えるパス発動の前提条件は、しっかり準備して、選択肢を複数持っている状態でボールを受けることです。キャリアが終盤に近づき、J1からJ2、J3、社会人とカテゴリーを落としていく中で実感したのですが、カテゴリーによる差は、

個人の能力よりも、このボールを受ける前に「準備ができているかどうか」のほうが大きいように感じました。

準備ができていないから、いきなり来たパスに慌てて対応する。はた目にはトラップの優劣という技術の差に見えますが、本当はボールを受ける前に次のプレーを想像して頭を働かせているかどうかの差です。

十分な準備をして、複数選択肢のある状態でボールを持てたら、次はできるだけ戦況に影響を与えるような、局面を変えるパスを選択します。

「それは才能でしょう」

そんな声が聞こえてきそうです。実際、決定的なパスを出せる選手は、パスセンスに優れた選手といわれ、天才型に分類されます。私の場合はセンスや感覚というより、観察と経験で局面を変えられるかどうかを計っていました。

ピッチの中の〝慌てている〟場所を探す

具体的にいうと、ピッチの中で〝慌てている〟相手を探すということを常にやっていました。

これまであまり言語化してこなかったのですが、せっかくの機会ですから〝慌てている〟状態を言語化してみましょう。

一番わかりやすいのが、ボールを奪った瞬間の攻守の切り替えです。これまで攻めていたチームからすれば、ボールの流れが急に変わることになるため、選手たちは一度ボールの位置を確認しなければいけなくなります。このときは確実に目線が切れます。すでに相手ボールになっているので守備をしなければいけないのに、マークすべき選手から目が離れます。

あくまでも一例ですが、この瞬間、私は「はい、慌てた」と感じ、対応の遅れた選手の隙を突くようなパスを出すのです。私のパスがきっかけでできた対応の遅れは、次のパスでさらに大きくなります。この遅れがＦＷの決定的なシュートチャンスを演出するのです。

チャビはその場で考えていない

あるテレビ番組で、バルセロナの黄金期を支えた名手、チャビ・エルナンデスの頭脳を分析するという企画がありました。専門的なことはわかりませんが、チャビは一般的に物事を考えたりするときに活発になる脳の部分である前頭前野ではなく、過去の経験や記憶を蓄積しておく、大脳基底核という部分を動かしてプレーしているということが説明されていました。

局面を変えるパスは、そのときに考えていたのでは間に合いません。もちろん自分がチャビと同じだというつもりはこれっぽっちもありませんが、ピッチを俯瞰《ふかん》してどこに〝慌てている〟選手がいるか、違和感や揺らぎを感じることが、局面を変えるパスの準備になっているのだと思います。

▽チームに影響力を与えるプレーをする

サッカーにおける非言語的コミュニケーション

ピッチの真ん中でプレーすることの多いボランチの特性についてはすでにお話ししましたが、攻撃時にＦＷにパスを出すこともあれば、守備時にセンターバックのカバーリングに戻ることもあり、サイドの選手と連携して動くこともあれば、中央でディフェンダーからのパスを前線につなぐ経由地にもなるボランチは、必然的に試合に与える影響力が高くなるポジションといえそうです。

結局私がお話しするオン・ザ・ピッチの話は味方とどう助け合って、相手とどう駆け引きするかの話に集約されるのですが、試合の主導権を握り、支配するためには、チームの意思の疎通、コミュニケーションも重要です。

『THINK.7　チームを勝たせる技術』では、コーチングや声掛けの言語によるコミュニケーションの重要性についてお話ししました。もう一つ、言葉や声に頼らない、非言語的コミュニケーションというものがあります。

2022年の11月に、イビチャ・オシムさんの追悼試合にオシムジャパンレジェンドの一員として参加させてもらったのですが、カテゴリーを落としてプレーしていたこともあり、この試合で久しぶりに非言語的コミュニケーションの重要性を体感しました。オシムジャパンレジェンドには、中村俊輔さん、ケンゴ（中村憲剛）、ケイタ（鈴木啓太）を始め、技術だけでなく思考力も優れた選手がそろっていました。一緒にボールを蹴ること自体が久しぶりですし、引退している選手も多いのに、普段自クラブで感じるようなストレスがまったくないことに驚きました。全員が意図と選択肢を持ってプレーしているので、ボールがスムーズに回り、引っかかるところがありません。

「ああ、そういえばこんな感じやったなぁ」

ガンバや日本代表では、チームメイトのプレーが遅いと感じることはほとんどなく、欲しいタイミングでボールが出てくるし、こちらが出したタイミングで前が動き出すシンクロがかなりの確率で起きていました。

往年の日本代表選手たちは、体は動かなくなっても、頭の回転の速さには変わりがないようで、対戦相手のジェフユナイテッドのOBで構成されるオシムジェフレジェンドの動きを見ながら、それに合わせて自由自在に効果的なプレーを選択していました。

ボールを蹴っていて久しぶりに楽しかったのと、試合を完全にコントロールして、支配するってこういうことだよなという感覚を思い出したひとときでした。

試合開始10分以内に相手を丸裸にするオシム流スカウティング

そのオシムさんの教えの中で試合の主導権を握るための方法が一つあったので紹介しようと思います。

オシムジャパンに招集されたとき、試合中にやることとしてオシムさんが言っていたのが、「試合開始から5分以内、最低でも10分以内に相手がやろうとしていることをすべて見つけ出しなさい」ということでした。

相手チームへのスカウティングでいうと、オシムさんは事前に情報をあまりくれないタイプの監督でした。クラブチームではなく過去のデータがあまり当てにならないナショナルチームだったことも関係しているかもしれませんが、ピッチに出て肌で感じたことをもとに、自分たちで判断、分析しろというメッセージが込められていたのかもしれません。

「最初の10分間は様子を見るために慎重に入ってその間に相手の戦術を把握しよう」

こういう指示を出す監督もいますが、オシムさんからは「慎重に入る」とか「様子見」という言葉は聞いたことがありません。普通にプレーをしながら、遅くとも開始10分までに相手のやりたいこと、長所、キーマンなどを全部洗い出してしまえと言われるだけなのです。

戸惑った選手もいたようですが、私は自主的に試合の中で相手を観察することを習慣化していたので、「やっぱりそうか」と思い、より意識するようになりました。

私の「味方に助けてもらう」プレースタイルの都合上、試合前には味方の特徴、長所、得意なこと、苦手なこと、ポジショニングのクセなどを把握しておくことがとても重要でした。それに加えて、ピッチ上にいる残りの11人、つまり相手チームがどういう意図を持ってプレーしようとしているのか、どんな特徴を持っていて、各選手がどこにポジションを取るのかは、自分のプレーの質に直結する貴重な情報だったのです。

ピッチの中と外の〝見えるもの〟の違い

現役を引退し、解説の仕事を始めてからは、試合開始直後から両チームのシステムや特徴、やろうとしているサッカーを把握することが仕事になりました。現役時代とは違い、ピッチの外から俯瞰《ふかん》して状況を把握するため、システムは見やすいと思う方もいるかもしれませんが、実は私、ピッチレベルのほうがよく見えるんです。

上から見たほうがどこに誰がいるかという物理的な配置は見えます。しかし、実際の試合ではポジションと役割、本来やりたいことにズレがあることもあります。相手との関係性や力関係でそういう形になっているけど、実は本来の意図とは違う形だったということも珍しくありません。カタールワールドカップでドイツやスペインと戦った日本代表が3バックか5バックか。そういう判断はピッチの中で選手の動きや表情などの情報をできるだけ多く収集して下したいのです。

指導の際も、本来は監督はベンチにいるものですが、プレイヤー目線で指導したくなってしまうため、選手の輪の中に入って指導してしまいがちでした。A級ライセンス取得の際に、「中に入ってしまうと、選手によっては指導者の背後に立つことになってしまう」という指摘を受けました。現役時代のように首を振って後ろの選手にも指導が伝わるようにとは心掛けていましたが、中に入るときと外から声を掛けたほうがいいとき、場合によって使い分けたほうがいいというのは、選手から指導者に立場が変わって教わったことの一つです。

監督が打ち出す戦術方針を理解する

ここまで、「試合を支配する」をテーマに、個人、そしてチームとして試合に影響を与える方法についてお話ししてきました。

何度も言いますが、サッカーは11人が助け合ってするスポーツです。個人として自分のよさを発揮するためには、チームの方針や戦術にある程度合わせる必要があります。

そこで重要になるのが監督の存在です。

私は、確固たる自分のスタイルがあって、それを評価してくれる監督だけに使われればいいというようなプレイヤーではなく、監督の意図をくんでチームメイトに浸透させる役割も含んだ評価で起用されてきた選手です。

監督によってアプローチはさまざまですが、その監督が何をやろうとしているかが一番鮮明に出るのが、どんな練習をするのかです。

東京ヴェルディで一緒だったミゲル・アンヘル・ロティーナは、「それ本当に試合ででできる？」と思ってしまうほど、細かく約束事を設定し、それを実行することによって勝利に近づくという考え方の監督でした。細かいだけではなく、なぜそうすべきかの理由もすべてロジカルに考えられているので、論理的にプレーしたい私にとってはすごく勉強になりました。

ガンバでは、感性で動くタイプの選手が多く、私はその感性を理解した上で、論理的に動いてスペースをつくったり、カバーリングに動いてスペースをつぶしたりするバランサー役をやっていました。ロティーナさんのヴェルディは、やりたいことが明確でなぜそうするかの説明もあるし、どう動いたらいいかの約束事もしっかりしていたのですが、その戦術を理解できる選手が少なかった。そこで、私がみんなにわかりやすくかみ砕いて説明する役を担っていたのですが、1年くらいするとだんだんみんながロティーナさんのやりたいことを理解するようになっていきました。こうなると、私を起用する理由が一つ減ります。自分でも損な役回りだと思いましたが、1年目は26試合に出場しましたが、2年目はたったの4試合。年齢もありますが「わかりやすいな」と思ってしまった自分がいました。

プロサッカー選手は、契約によって必ずしも監督やチームを選ぶことはできませんが、育成年代では、できるだけ自分に合った、自分を伸ばしてくれるチーム選びをすることが大切です。私のおすすめは、練習に参加すること。練習に参加した際に、どんな意図があって、なぜこの練習メニューなのかを自分なりに考えておくと、そのチームの対外的な「理想のサッカー」ではなく、実際にどんなサッカーをやっているのかが見えてくるはずです。

THINK.9 相手と駆け引きする技術

▽駆け引きがうまい選手とは?

衝撃的だった小笠原満男との出会い

サッカーは味方に助けてもらえるスポーツであると同時に、同じフィールド内に邪魔をしてくる相手チームの選手がいるという特徴を持つスポーツでもあります。バレーボールやテニス、卓球のようにお互いのエリアが明確に分けられている競技に比べて、相手選手とコンタクトするサッカーでは目の前の相手との駆け引きがとても大切です。

〝駆け引き巧者〟として私がよく名前を挙げるのが、これまた黄金世代、鹿島アントラーズのレジェンドでもある同級生の小笠原満男です。

彼と初めて会ったのは、高校3年生のときのU－19日本代表合宿でした。私も黄金世代の合宿には一応呼ばれたことはあったんです。その頃の私は、自分のことと勉強で精いっぱいで、同世代の選手がどれだけすごいか、誰がJクラブに進むとか、有名とかいうことをほとんど知りませんでした。この合宿で一番衝撃的だったのが、ミツオでした。

選手の情報に疎かったので、当然彼のことは知りません。

「大船渡？　どこやねん？　見たことないし、こいつも初めてちゃうかな？」

軽い仲間意識で、サッカーの合宿にトラウマを持つ超絶人見知りの私が話しかけたのがミツオでした。

聞けばその見たこともない選手は「鹿島に決まっている」と言います。

「そんなすごいの君？」

私はそのすごさをすぐに体感することになりました。

当時のU－19には、シンジ（小野伸二）がいました。ミツオがいくらすごいといっても、シンジがいる以上、練習試合では2本目の中盤に回ることになります。

私も2本目の選手だったので、一緒にプレーしたのですが、対戦相手の当時JFLに所属していたブランメル仙台の選手たちのディフェンスをバンバン抜いていったのです。

ベガルタ仙台としてJリーグに加盟する前のこととはいえ、相手はセミプロ級の選手たちです。

「え？　これもかわすん？　また抜けるん？　どんだけうまいの？」

ガンバ大阪のレベルに慣れていた私でも、ミツオのドリブル突破とキープ力は衝撃的でした。

プロになってからの再会と対戦

お互いにプロに進んでもその印象は変わりません。イタリアに渡る前のミツオは、純粋なトップ下として出場することが多く、対面でマッチアップすることがたびたびありました。

リスペクトがあるからこそ、ボールを持つミツオにはいつも100%奪いきるつもりでアプローチしていました。

あるとき、嫌な位置でミツオにボールが収まりそうなシチュエーションがあり、危険を察知した私は早めに動いてプレッシャーをかけにいきました。パスコースに先に入ってインターセプトは無理だけど、プレーを遅らせることはできるだろうと全力で当たりにいったら、トラップしたはずのミツオはもう決定的なパスを出した後でした。後で確認すると、トラップした次の瞬間、ミツオは浮き球のスルーパスを前線に送り、見事アシストを決めていたのです。

「視界に入りさえすればプレッシャーになる」

そう思って全速力で身体を寄せにいったのですが、ミツオは私を視界に入れることもなく、ラストパスを送っていたというわけです。

「目線」と「姿勢」の話をしましたが、ボールを持っているときの目線と姿勢に関しては、ミツオはもう完璧です。

そんな選手が、イタリアから戻ってきてからはポジションを下げてボランチとしてボール奪取までやってくるわけですから、お手上げです。

ボールを持っているときの自分がかわせる間合いがわかっているからこそ、かわせない間合いに、かわせないスピードで近づいてボールを奪ってしまう。ミツオのボランチでの守備に関しては、自分が攻撃のときにやっていたことの反対を守備でやっている印象があります。考えるという面でも、目線も身体の向きも変えず、姿勢を保ったまま駆け引きできる選手。プレーにインテリジェンスを感じるのが小笠原満男のプレーでした。

〝追いタックル〟で勝負が決まる本山雅志との攻防

同じ合宿にも参加していたこちらも鹿島アントラーズに進んだ本山雅志も印象深い駆け引きをする選手でした。本山との攻防でよく覚えているのが、「1回かわされた後が勝負」という一連のプレーです。

私が現役時代に得意にしていたボール奪取の技術に、1回目のタックルで右足で取りにいって、取り切れればそれでよし。もし取れなかったら、その右足をおとりに左足でボールを奪うというものがありました。普通は1回目のタックルで右足を出してかわされたらバランスを崩して抜かれてしまうのですが、私はバランスが崩れるのを体重移動と捉えて、身体を入れ替えるようにして左足を出すという身体の使い方を身につけていました。

タックルを一度かわして安心する選手も多く、この二段構えのタックルはかなり高確率で決まっていたのですが、本山はこちらの目線が切れたタイミングを見計らってドリブルしてくるんです。

ドリブルの名手として知られる本山ですが、自分のトップスピードの速さだけで抜いていくのではなく、相手の様子を観察しながら緩急をつけて抜いていく対人用のドリブルを得意にしていました。こちらがボールを奪うことに集中した瞬間にサッとボールを動かして、キュッとスピードを上げて抜いていくイメージです。私は、1回目のタックルをかわされ、本山がボールを動かそうとした瞬間に左足でボールを刈り取るという方法で何度かボールを奪うことに成功しましたが、本山からボールを奪うのにはいつも苦労しました。

サッカーはフライングができる競技

サッカーにおける駆け引きの核心の話をしましょう。

「THINK.8　試合を〝支配〟する技術」で、すでに現役を引退した44歳の、ふくらはぎを痛めているおじさんが、ピチピチの高校生をシャットアウトした話をしました。

１００メートル走なら絶対に勝てません。しかしサッカーでは勝てる。この違いは何かというと、サッカーはフライングしてもＯＫなスポーツだということです。

１００メートル走ならスタートの合図に合わせて一斉にスタートしなければフライングの反則で失格になってしまいますが、サッカーは「よーい、ドン」で始める必要はありません。

スピードで劣るなら早めに動き出して、相手より先にボールに触ったり、早くコースに入ったり、相手が準備する前に身体を当てたりすることができます。

その際に役に立つのが、「先読み」ですが、サッカーにおける速さは、足の速さだけではなく、頭の回転の速さ、思考の速さもあります。

足の速さで劣るなら、思考の速さでそれを補い、フライングして先回りすればいい。それができれば、常に余裕を持って準備した状態がつくれますし、目線と姿勢が乱れることもありません。

思えば私は、足こそ速いほうでしたが、その他で圧倒的な差を見せつけられていたために、なんとか工夫して自分の足りないところを補うことをやり続けてきました。細かい工夫はこの本の中でも紹介していますが、本質的で誰でもすぐにマネできる方法が、考えるスピードを上げて、先に動いてしまうことです。

セカンドボールを奪う秘訣は「先読み」

私がセカンドボールを拾うことができる種明かしをすれば、ボールの移動地点を予測して、相手よりも先にボールに触るためフライングをしまくっているからです。直接自分がボールにアプローチできない場面もありますが、例えば、センターバックが相手のＦＷと競り合っていたら、味方のセンターバックと相手のＦＷのヘディングの強さの比較、ジャンプしたときの位置関係、ボールが飛んできた角度などをインプットして、次にボールがどこに行くのかを予測して先回りしているのです。

私は、サッカーの試合を見るときは、いつも自分に「この競り合いのボールはどこにこぼれる？」というクイズを出してそれに自分で答えるということを日常的にやっていました。おかげでボールがどこに転がるかの予測精度はかなり高まりました。

自分のプレー経験と選手の個人情報、プレースタイル、性格、状況やそのときの感情、いろいろなものを材料にして、フライングをするための準備をしていたのです。

もちろん予測はあくまでも予測なので、よほどスピードが圧倒的な相手は別にしてギャンブル的に極端な決断をするのも得策ではありません。いろいろな可能性を考慮しながら、確率が高い動きをできるように準備をしておくだけで、数秒先、数歩先にボールにアプローチできます。

選択肢を複数持っているのがドリブラー・三笘薫の強み

一つの可能性に全振りしないということでいうと、選択肢を多く持てる選手は駆け引きに強い選手が多いです。

現在日本最強のドリブラーといえば、三笘薫選手をおいて他にいないと思います。三笘選手のドリブルの切れ味は、ワールドカップやイングランド・プレミアリーグですでに世界で通用することが証明されています。しかし、プレミアリーグの試合を見ていると、三笘選手がドリブルだけで勝負していないことがよくわかります。

意外とよく見るのが、ボールを受けた後にルックアップしてタメをつくった後、アウトサイドで味方にパスを出すシーンです。これには三笘選手のドリブルを警戒してマークに来た相手選手をはがす効果があり、このパスの可能性があるので相手は不用意にボールを奪いにいけないのです。選択肢がドリブルだけならおそらく3回に1回くらいは止められてしまうでしょう。パスで味方に預けて、もう一度もらい直してからドリブル突破に移行するプレーもよく見ますが、これが緩急になっていて、相手の目線を散らすことに貢献しています。

三笘選手は筑波大学時代に『サッカーの1対1場面における攻撃側の情報処理に関する研究』というタイトルの卒業論文を書いたそうですが、この内容はドリブルの熟達者とそうでない人のドリブル中、ボールを受ける前の「視線」に注目したものだそうです。

三笘選手は、「この形なら抜ける」という明確なドリブルの成功パターンを持っていて、そのパターンから外れた場合は、一度パスをするなどして仕切り直しているように見えます。これも一つの駆け引きといえるでしょう。

▽すべてのプレーを無効化する究極の駆け引き

プレーを〝やめる〟キャンセル技術

私が「究極の駆け引き」だと思うプレーが、いままさにやろうとしていたプレーを止めて、別の選択肢に変えてしまう〝キャンセルする技術〟です。

先読み、フライングとは真逆になりますが、キャンセルする技術を使いこなせるようになれば、相手の対応を見てからその逆を突くようなプレーができるようになります。

リオネル・メッシやチャビ・エルナンデス、アンドレス・イニエスタというＦＣバルセロナの黄金期を支えた３人は、これに近い動きをしていたと思います。

この３人と同時期にバルサ不動のピボーテとして活躍したセルヒオ・ブスケツは、どちらかといえば、先読みとフライングでいいポジションをとり、目線と姿勢をあまり動かすことなく攻撃の布石となるパスを散らしていく選手です。

メッシ、チャビ、イニエスタの3人は、もちろん先読みもしますが、相手の出方を見ながらやろうとしていたプレーを途中でやめて、別の選択肢に変えてしまえるのがエグすぎました。

次に何をするかわからないイニエスタと古橋の成長

イニエスタは、日本に来てくれたので来日当初から注目して見ていましたが、バルサからヴィッセル神戸に来たばかりの2018年、19年あたりは本当にすごかったです。

イニエスタがドリブルしていると、次にどんなプレーをするのか直前までわからないんです。プレー予測をクイズにしていたくらいですから、「イニエスタのプレーも先読みしたろ」と思って注意深く見ていたのですが、トップスピードでドリブルしながら、なんでもできる準備ができている状態でした。どこに出すのか何をするのかがまったくわからなかった経験はなかなかありません。実際どんなプレーをしていたかというと、相手が食いついてきたら簡単に味方にボールを預けて、走るコースを変えてもらい直してミドルシュートを決めたりとか、誰もついてこないと見たらそのままドリブルで相手陣内深くに切れ込んだりとか、守備をする相手からすれば「先に動いたら負け」という状態でした。

このイニエスタに合わせることで化けたのが、ヴィッセルからスコットランドのセルティックに渡った古橋亨梧選手です。古橋選手がすごいのは、前線で一度動き出して、パスが来なかったときにきちんと〝死んだふり〟ができるところです。ブラジル人なんかが得意にしていて、日本人はなかなかできないのですが、一度プレーをやめたはずなのに、瞬間的にスピードを上げて相手を振り切る動きができるのです。

これはヴィッセル時代にイニエスタの変幻自在のプレーに臨機応変に対応していたことがいいトレーニングになって身についた技だと勝手に予想しています。

最強の〝後出しじゃんけん〟

駆け引きというと、フェイントで裏を取るとか、先に仕掛けて受け身にさせるとか、いろいろな場面が浮かびますが、相手の動きに合わせてプレーを途中でやめて、後出しじゃんけんで最適な選択肢を出せたら絶対に負けることのない必勝法になると思います。日本の武術の世界にも、相手を先に動かし無力化した上で攻撃する「後の先」という言葉があります。

とはいえ、この「プレーを途中でやめる」というのはかなり難易度が高いんです。スタジアムやテレビでサッカーを見ていると、パスを出す本人もパスを出した時点では明らかにディフェンスに引っかかるとわかっていてがっかりした様子で出してしまっているシーンを見ることがあります。このパスを蹴る前に止められる選手はそれだけでワールドクラスといえるほどいい選手だと思います。

私もこの究極の駆け引きであるキャンセル能力を身につけようといろいろ試しましたが、プレーを途中でキャンセルする前提ではなく、状況によってキャンセルし、より効果的な選択肢を選んでそれを実行するのは、やはり相当難しく、実戦でできたのは数えるほどの回数でした。

すべてが結実した「チャビになった瞬間」

その中でも、最高のプレーが、２０１０年のＪリーグ第31節、浦和レッズ戦でヤット（遠藤保仁）に出したスルーパスでした。

このパスには、駆け引きのエッセンスがたくさん詰まっていたので、この章の締めくくりとして詳しく紹介してみましょう。

後半開始から7分が過ぎた頃でした。ハーフウェーラインでボールをキープした味方が、戻りながらフリーになった私にパスを出します。相手陣内のセンターサークル外周付近でボールを受けた私は、相手の選手が距離を詰めてくるのを見て、目に入った宇佐美貴史選手にパスを出します。ゴールを背負ってパスを受けた宇佐美選手はワンタッチで私にパスをリターン。宇佐美選手へのパスですでにマークをはがしていた私は、右に移動しながら、右足で前線を走るヤットにラストパスを送ったのです。

かなり長いパスになりましたが、相手のディフェンダーがボールに正対し、ゴールを背負っていたため、ヤットは完全にディフェンスラインを突破することに成功していました。左足を伸ばしたトラップでボールに追いついたヤットが右足でボールを流し込んでゴールを決めてくれました。

いま見てもファインゴールですが、宇佐美選手とのワンツーからワンタッチで出したスルーパスの直前、リターンのタイミングが少し自分が思っていたのと違ったこともあり、トラップを第一選択肢にしていました。しかし、コンマ何秒の間に、トラップをキャンセルしつつ、少し右に動いてワンタッチでスルーパスを出すことを選択したのです。

周囲からは「チャビになった瞬間やね」と言われましたが、私が大切にしている「考える」ことと「駆け引き」が詰まったプレーになりました。

これを機に、私も「キャンセル機能つきのサッカー選手」になれたかというと、そう都合よくはいかず、引退するまで意図して再現することはできませんでした。あのとき何が違ったのかはわかりませんが、身体の動き以上に頭が速く回転して、ものすごく考えているんだけど、考える前に身体が動いている状態になった感覚がありました。

考えていたら遅い。プレーのキャンセルと判断、実行がほぼ同時にできたことが、あのプレーの最高の秘訣だったと思います。

THINK.10
サッカーを楽しむ技術

▽サッカーの醍醐味

サッカーの〝楽しさ〟を実感できる瞬間

私が43歳になるまでサッカー選手としてプレーできたのは、結局のところ「サッカーが好きだから」ということに集約されます。性格的には個人競技のほうが向いていると思わないこともありませんが、私がサッカーが好きな理由を改めて考えてみると、11人がそれぞれの良さを生かし、助け合いながらプレーできること、それをやっているときが一番楽しいことに気がついたのです。

イビチャ・オシムさんの追悼試合で、「わかっている」選手たちとのプレーが楽しかったという話をしました。これは単に良い時間をともに過ごした仲間だとか、懐かしいとかいうだけではなく、パス一本、ステップ一歩、プレーの選択にいちいち理由があり、その意図に呼応して動くことが心地いいからです。逆に私のちょっとした意図をくんでくれて、さりげなくそれに合わせた動きをしてくれたり、相手が気づいていないスペースにパスを出してもそこに走り込んでくれる。テクニックが武器の選手もいれば、スピードが武器の選手もいる。運動量や身体の強さで献身的なプレーをする選手もいれば、私のようにポジショニングや思考力でプレーする選手もいる……。いろいろな強みを持ち寄りつつ、状況に合わせてそれぞれの長所を最大限に生かす方法を即興で考えるのが私の考えるサッカーの醍醐味《だいごみ》です。

「観察」でピッチの中から戦況を変えられたヴァンフォーレ甲府戦

ガンバ大阪でプレーしていたときはレベルの高い仲間たちに囲まれ、ついていくのに必死ではありましたが、サッカーの醍醐味や楽しさを満喫した時期でもありました。

中盤後方から意図を持って味方を動かし、試合を支配する。ボランチの究極系を体現していたのが、私の隣にいたヤット（遠藤保仁）でしたが、私にも自分の能力を生かしてゲームを左右するような影響力を及ぼしたと実感した試合がいくつかあります。中でもガンバ時代に対戦したヴァンフォーレ甲府とのある場面が一番に思い出されます。

大木武監督が率いて、J1に初昇格した頃のヴァンフォーレだったと思うのですが、序盤からガンバが苦戦を強いられていました。特に中盤の守備で後手に回り、フリーでボールを受けられるシーンが目立ちました。

ボランチとして出場していた私の「先読み」を生かせば、ボールの受け手の動きを予測してインターセプトしたり、ボールに入った瞬間に張りついて前を向かせないなどの対策ができますが、この日のヴァンフォーレの前線の選手は全員が休まずフリーランニングを繰り返していて、なかなかつかまえることができませんでした。

受け手がダメなら出し手を押さえればいい。

ヴァンフォーレのキーマンがヴェルディなどでもプレーした林健太郎さんであることはすぐに気がつきました。ヴァンフォーレの攻撃が始まるときは、必ずアンカーの健太郎さんを経由していました。しかもあの人、ボールを持ったらミスをしないんです。

ポジション的に私が直接健太郎さんのケアに動くわけにはいきません。私はＦＷの選手に「健太郎さんだけ見てて。走ってボール追わないで歩いててもいいから健太郎さんにボールが入らないようにするか、入ったらパスを出せないようにプレッシャーかけて」と伝えました。

効果はてきめんでした。前線に縦パスを送るのは必ずしも健太郎さんではありませんでしたが、一手、二手先を考えてパスを供給していた健太郎さんにプレッシャーがかかるようになったことで、ヴァンフォーレのサイドチェンジがなくなり、前線が動き出したタイミングでボールが出る機会が極端に減りました。

ガンバの選手たちにも攻撃に移る前に必ず健太郎さんを経由することが伝わったので、ボールが入ったタイミングでボールを奪うこともできるようになりました。

この試合は日本代表に招集される前だったと思いますが、後にオシムさんに言われた試合開始5分で相手の特徴、やりたいことを見抜く「観察」をして、試合中に戦況をガラリと変えられた好例でした。

この場面をよく覚えているのは、自分のゴールやパス、プレーで勝負を決めたというのではなく、思考力で味方と協力して戦況を変えられたから。私にとってのサッカーの醍醐《だいご》味《み》が詰まった楽しい瞬間だったのです。

▽オン・ザ・ピッチとオフ・ザ・ピッチの融合

サッカーを続ける難しさ

ここまで本を読み進めてくれたみなさんはお気づきかもしれませんが、サッカーはピッチの中だけでは完結しませんし、ピッチの外だけでうまくなることはありません。説明の都合上、オフ・ザ・ピッチでの思考法と、オン・ザ・ピッチでの思考法を分けましたが、それぞれが相関関係にあり、つながっていると思ってください。

私がプロサッカー選手になれた大きな理由の一つに、オフ・ザ・ピッチでなんとかモチベーションを保ちながら、ピッチの中では「考えてプレーする」という誰もが持てる、しかし、心強い味方になる武器を磨けたことがあります。

プロサッカー選手という目標に向かってがんばっている子どもたちを見ていると、ジュニア年代からサッカーに真剣に取り組みながら、「サッカーを嫌いにならない」ことも大変だなと思ったりもします。

私が13歳、ジュニアユースに入団した直後に人生最大の挫折をしたことは、いまになってみればかえって幸運だったと思います。もちろんそのときの落ち込みはひどく、タイムマシーンでその頃に行って「お前それでいいんやで」と言ってあげたいくらいです。まぁ、当時の橋本少年は絶対に信じてくれないでしょうが……。とにもかくにも、小学生でお山の大将を気取っていた私がそのまま小さな小さなお山の大将でいる環境でサッカーをやっていたら、絶対にプロにはなれなかったでしょうし、おそらくサッカーをやめていたでしょう。

「100人中最下層」からのスタート、自分には特別なサッカーの才能はないと公言してきた私だから言えることかもしれませんが、育成年代で伸びる選手、伸びない選手を分けるのはほぼ環境です。すべて、と言ってもいいでしょう。

もともとあふれる才能を持っていて、どんなルートからもプロにたどり着いたよねという人は別ですが、順調に成長すればプロになれるかも？　くらいの選手がプロにいけるかどうかは、自分が成長できる環境を見つけ、そこを選べるかにかかっています。

〝お山の大将〟が山から出るとき

指導現場でたびたび問題になるのが、〝お山の大将〟問題です。

たまたま入ったクラブの中で飛び抜けた実力を発揮し自己肯定感を得る。ここまではいいのです。最高です。しかし、これが自分のレベルに見合わないところでずっと王様のようなプレーをしているとなると、その選手にとってこれ以上不幸なことはありません。

当たり前ですが、上には上がいます。私が13歳で知った「上」は結果的に日本のトップクラス、世界にもつながる上すぎる上でしたが、中学、高校、行くかどうかは別にして大学と年齢が上がるとともに「上」は必ず現れます。

〃お山の大将〃期間が長いと、天狗の鼻が長く伸びて、成長の邪魔をする余計なプライドが育っていきます。環境が変わって、自分の山以外にも山があること、そして自分がいた山が思ったより小さかったことを知ったとき、絶望してサッカーをやめてしまう選手も少なくありません。

自己肯定感とチャレンジのバランス

指導者や親にできることは、その子に合ったレベルでプレーできる環境を用意してあげることです。これにはいまの日本サッカーの育成年代を取り巻く環境にも問題というか、改善の余地があると思っています。

あるクラブで絶対的なエースだった選手がもう少し上の環境でやりたいと思ったとします。日本では小学校卒業、中学校卒業、高校卒業の6・3・3制のタイミングでクラブを変わることが多く、それ以外での移籍はあまり歓迎されません。

クラブの勝利に固執して勝ちたい指導者が〝お山の大将〟を小さな山に閉じ込めておくケースもあります。これは将来的には日本サッカーの損失になる可能性すらあります。レベルが合っていない選手は、もっと高いレベルでプレーできる環境に上げてあげることも指導者の役目だと思います。

J下部などの育成では、こうした問題は起こりにくくなっています。ガンバでは早くからそうでしたが、ジュニアユースの選手がユースの試合に出る、ユースの選手がトップデビューする、いわゆる〝飛び級〟が早くから行われていました。これも、戦力面でのことより、その選手が成長できる環境はどんな環境かを考えた結果のことです。

サッカーの楽しさという本章のテーマに沿って話すと、〝お山の大将〟問題は、もう少し複雑になります。〝お山の大将〟としてプレーすることが絶対的な悪かというと、ガンバジュニアユースで自分の非才に絶望した私が、長居公園の草サッカーに一時避難することで自己肯定感を得て、なんとかサッカーをやめずに済んだように、〝お山の大将〟でいる期間にもそれなりの意味はあるのです。

街クラブで頭角を現し、高倍率のセレクションに受かって中学からJ下部のジュニアユースに進んだもののレベルの高いポジション争いに加われず、結局サッカーをやめてしまったという話もよく聞きます。これも逆の意味で、自分のレベルといまいる環境のレベルが合っていない例だと思います。

自分に合った環境のために〝再チャレンジ〟を

理想はスペインなどのように上のレベルのクラブにチャレンジできるけど、そこで通用しなかったらもとのクラブや他の環境に移動できる環境をつくることです。

そのためには、クラブ間の移籍の流動性を高めることや、クラブと中体連、高体連の垣根をなくすことなどが必要です。文字で書くほど簡単なことではないのは重々承知していますが、選手のことだけを考えれば、「準備ができたらチャレンジできる環境」「準備ができていなかったらもう一度やり直す環境」を用意するのが一番いいに決まっています。

サッカー選手として成長するためには、できないこと、自分がいまできていることより少し上に目標を置くことも重要ですが、うまくいったときに「楽しい」と感じられるレベル感でプレーしなければ、サッカー自体が苦行になってしまいます。

子どもたちには、プレーしていて「楽しい」瞬間がある環境を選んでもらいたいですし、サポートする周囲の大人は、子どもたちが他者との比較ではなく過去の自分との比較で成長できたと実感できる経験を少しでも多く用意して、「サッカーが楽しい」と思える瞬間をつくってあげてほしいと思います。

心と身体のバランスが崩れるとやめたくなる

ジュニアユース、ユース時代は、毎日「やめたい」「練習に行きたくない」「雨が降ればいい」と思っていたと述べましたが、プロになってからもサッカーを続けることに疑問を持ったタイミングが何度かありました。

最も大きな落ち込みは、２０１０年のワールドカップ南アフリカ大会前後でした。プロになった当初に掲げた「ガンバ大阪でリーグ優勝」という目標を２００５年に達成した私は、そこで満足感を得そうになりながらも、カップ戦タイトルやＡＣＬ（ＡＦＣチャンピオンズリーグ）、クラブワールドカップへの挑戦などに目標を切り替えて自身を高め続けてきました。〝新たな可能性〟として拓けていた日本代表という道も自分を成長させる糧になっていたのですが、ワールドカップ南アフリカ大会のメンバー選考の色が濃くなるにつれて、その競争に全力で入っていけないでいることに気づきました。

心と身体のバランスが崩れるとはこういうことかと思ったのですが、２０１０年には、左ひざ内側側副靱帯《じんたい》を損傷してしまいます。２カ月後の７月には実戦復帰となりましたが、精神的な落胆がケガにつながったことは明らかでした。

ワールドカップを控えた２００９年は、代表にも結構呼ばれていて、スケジュールがハードだったということもありました。これまでは、シーズンごとに自分なりにテーマを設けて何か一つでも成長するようにやってきたのが、代表とクラブの往復があり、代表でのプレーにも気をとられるようになって自分が成長した実感がまったく感じられないシーズンを送ってしまいました。

改めて知った日本代表の重責と遠藤保仁との差

私の場合、長年の勤続疲労みたいなものでケガをしてしまったのですが、このとき改めてヤットのすごさを感じました。

日本代表のスタメンで主力としてフルにプレーして、クラブに帰ってきて普通に試合に出て活躍する。代表選手として見られているのでプレッシャーがあるはずですがそれを感じさせず、結果をちゃんと出す。ガンバに戻ってきて出した結果が次の代表選考につながるんです。やっぱり日本代表に選ばれ続けて、ワールドカップに出るような選手はモノが違うと、自分が知らなかった日本代表の世界を垣間見てなおさら思うようになりました。

ケガから復帰した後も、なかなかモチベーションが戻らなかったのですが、そんな気持ちを知ってか知らずかガンバの監督だった西野朗さんが4－4－2のサイドハーフに私のポジションを上げてくれたんです。ボランチよりもゴールに近いところでプレーできたこともあって、リーグ戦で6試合連続ゴールという当時のクラブタイ記録をつくることができました。

チームでのポジションと役割もあり、年に1ゴールできればいいほうだった私が、2010年は連続ゴール記録を含む8ゴールを挙げることができた。「点を取る」ということにフォーカスすることで、少しモチベーションを持ち直すことができました。

しかし、それも根本的な解決には至らず、翌年の2011年2月には、グアムキャンプの練習試合で右ひざを負傷、現地ではケガの程度はわからなかったのですが、帰国後の診断によると、右ひざ前十字靱帯《じんたい》損傷および右ひざ外側側副靱帯《じんたい》損傷で全治6カ月という大ケガを負ってしまいます。全治6カ月といってもプロサッカー選手として復帰するためには1年は要するだろうということをいわれました。

まだシーズンが始まっていないのに、ドクターから「年末の天皇杯を目指そう」と言われたときの絶望感はいまも忘れられません。

結果的には8カ月でピッチに戻ってくることができたのですが、2011年をもって、ジュニアユースから20年在籍したガンバから離れることになりました。

当時は年齢からくる限界だといわれましたが、その後も11シーズン現役選手としてプレーしたので、肉体的な限界はまだ訪れていなかったはずです。心・技・体といいますが、私がケガをするときは決まって、思考力が低下し、心と身体のバランスが崩れているときなのです。

「サッカーIQ」から「サッカーEQ」へ

オン・ザ・ピッチでの思考法では、単なるサッカーの技術ではなく、サッカーIQを高める、またはサッカーＩＱを生かした技術の使い方を紹介しました。ピッチの中での技術の話で最後にお伝えしたいのが、〝サッカーＥＱ〟の話です。

〝ＥＱ〟とは、Emotional Intelligence Quotientの略で、「心の知能指数」と訳されています。日本でも、「知能指数」だけでなく、感情をコントロールし、思考や行動に活用する能力が必要なのでは？　という観点で注目されている指標の一つです。

現役時代の私は、サッカーＩＱの高い、理論派、頭脳派、監督のピッチ上の通訳として注目していただけたと思うのですが、実は試合中はロジックとエモーションを組み合わせてプレーしていました。

どんなに優れた戦術も、作戦も、それを実行するのはピッチに立つ11人の人間です。そしてピッチの中には11人の対戦相手がいます。天気やそのときの状況、チームの調子、個人の調子、体調、機嫌などなどさまざまな要素が絡み合って、事前のシミュレーションや作戦通りに試合が運ぶことはまずありません。

だからこそ、ピッチの中にいる私は、論理的思考を根本に持った上で、感情を読み取ってそれをプレーに反映させる努力を常にしていました。

「人に優しく」の本当の意味

たびたび登場する「観察」は、相手選手、味方を分析する上でとても重要な要素ですが、プレーに現れる事実だけでなく、その人の表情、態度など感情に関する情報もとても重要です。

先述したピッチの中で〝慌てている〟場所を探すときも、さえない表情でプレーしている選手がいれば「あいつ、今日は元気ないなぁ」という情報になりますし、自信なさそうな表情でプレーしている選手がいれば、その選手は狙い目ということになります。

味方の選手も同様に、表情を見て心配なことがあればその分配慮してプレーしたりしていました。

私がサッカーの特徴として挙げる「助け合うスポーツ」というキーワードも〝サッカーEQ〟を重視する理由の一つです。

小学生の頃は、ミスをしたチームメイト、うまくプレーできない選手に容赦なく文句を言っていた私が、言われる立場になって気がついたこともこうした考え方に影響を与えています。

「相手の対場を考えましょう」

「人には優しくしましょう」

幼稚園のときから先生に言われ続けることですが、私も「そういうものか」と思いつつ、本当の意味でその言葉を理解したり、実践したりすることはありませんでした。

しかし、ジュニアユースで自分が言われる立場になって初めて、できないことを強い口調で指摘されるつらさ、悲しさを体感したんです。

完全に強い言葉を排除するということではありませんし、私も時と場合によってコーチングで言葉の使い方を分けていましたが、相手の気持ちや感情を無視して「正しさ」を押しつけても何も変わらないことだけは学べました。

レベルの高いサッカー選手は、サッカーの技術や理論の上に、おそらく〝サッカーEQ〟のような能力を上乗せして創造的なプレー、味方や相手、最終的には戦況を動かすような効果的なプレーをしているのかもしれません。

それこそが、ピッチ上で発揮できる〝最高の技術〟ではないかと思うのです。

PART 3

オールアラウンド・ザ・ピッチでの思考法

THINK.11
努力は必ず報われるのか？ 真の文武両道とは？

▽努力は技術である

誰もが持つ〝1％の才能〟

〝1％の才能〟と思考力、思考を実現する努力という、誰もが持つものだけを頼りにプロサッカー選手になった私の体験をもとに、プロサッカー選手として成功する方法を探るこの本もいよいよ最終章です。

自分が持つ1％の才能とはなんだったのか？　何度か言っていますが、足は速かった。これはひそかなプライドなのですが、それでもプロとして成功する才能とはいえません。この本を読んでくれた人たちは、私が紹介した技術やそれを実現するためのさまざまな才能の中で、自分なりの才能を見つけてくれればいいと思いますが、すべてのベースになる1％の才能は、やはり、「努力する才能」だと思います。

努力は必ず報われるのか？

努力は必ず報われるのか？　については、古今東西、さまざまな議論があります。

トーマス・エジソンの名言とその解釈については「はじめに」でご紹介しましたが、ドイツの音楽家で、交響曲に革命を起こした〝楽聖〟ルートヴィヒ・ヴァン・ベートーヴェンは、「努力した者が成功するとは限らない。しかし、成功した者はみな努力している」という言葉を残していますし、世界のホームラン王、王貞治さんは「もし報われない努力があるとするなら、それはまだ努力とは呼べない」と言っています。現代サッカー最高の選手、リオネル・メッシも「努力すれば報われるのではなく、報われるまで努力するのだ」と王さんと同じようなことを言っています。

私はそこまでストイックに自分を追い込めたとは言い切れませんし、みなさんに報われるまで努力し続けろ！　とも言えません。

努力の方向性を間違えない

私が努力について思っていることは、努力するのは当たり前だけど、その努力の方向性を間違えていたら、望む成果は得られないということです。

この本でも、思考力をテーマにいろいろな〝技術〟を紹介しました。技術を身につけるためには、それが身につくような練習なり、努力が必要です。やり方を間違えていたら何百回、何十時間かけても目標を達成することはできません。だから、努力する前に、または「しながら」頭を使って、効率的に目標に近づける方法を探りましょうと提案しています。

アメリカ・メジャーリーグで活躍するダルビッシュ有選手が、私のこの考えを端的な言葉で表しているので、それも紹介しておきましょう。

ダルビッシュ選手いわく、

「練習はうそをつかないって言葉があるけど、頭を使って練習しないと普通にうそつくよ」

まさにこれで、努力は必ず報われるから素走りを死ぬほどやれとか、もうすでに簡単にできる技術を反復するとか、サッカーのゲームで絶対起こり得ないシチュエーションでのトレーニングを繰り返したりすることは、いくら量を重ねてもやはり成果にはつながりません。

ゴールポストは動いてもいい

もう一つ、「報われる」にもいろいろあるよというメッセージもみなさんにぜひ伝えたいことです。

例えば中学、高校時代の私の目標は、「大学に行くこと」でした。ガンバ大阪ユースに進んでそこで踏ん張れた理由の一つにも「推薦がもらえるかも」というよこしまな気持ちがありましたし、そのために遊ぶ暇を惜しんでサッカーと勉強の両立に時間を費やす青春時代を送りました。

具体的に進路が絞れてからは「大阪市立大学に合格する」ことが目標となり、運よく現役で合格することができましたが、仮に市立大に合格できていなくても、適切な努力をしていたなら第二希望か第三希望の大学には合格できていたと思います。

プロになる方法を伝える本で、「逃げてもいい」と大きな声で言ってしまうのも私らしいと思うのですが、「もし目標がかなえられなくても、そのとき努力したおかげで別の目標がかなうこともある」というのが私の考えです。

だから、「頭を使って」した努力は、絶対に無駄にはならず、報われる。というか、報われたと思える結果が必ずついてくるのです。

目標を変えることを妥協といったり、「ゴールポストを動かす」と批判的に語る風潮がありますが、適切で十分な努力をしたなら、ゴールポストはいつでも動かしていいのです。

誰かが必ず見てくれている

サッカー選手のキャリアはまさにこれです。所属クラブで出番がなくても、そこで腐らず努力を続けていれば、誰かが必ず見てくれています。適切な努力であれば、自分なりに成長もしているはずです。実際に、監督の構想外になった選手がそれでも腐らず練習に取り組んでいるのを見たスタッフやフロントが、他クラブにこの選手の現状を伝えて移籍が決まったという話は頻繁に聞きます。

私が43歳まで現役を続けられたのも、これに近いエピソードがいくつも重なってのことです。ガンバ大阪からヴィッセル神戸に行って、セレッソ大阪に移籍し、Ｊ３のＡＣ長野パルセイロに期限付き移籍で行ったときは、正直これ以上は難しいのかなと思うと同時に、それまで持っていた元日本代表、Ｊリーグ優勝経験者といったプライドが、後生大事に抱えてこだわるべきものじゃないと気づいた瞬間でもありました。

その後、Ｊ２の東京ヴェルディに拾ってもらうのですが、実はヴェルディには32歳頃にも一度声をかけてもらっていました。そのときは、「もう少ししてまだ動けたらよろしくお願いします」とオファーを断っているのですが、〝そのとき〟が来て、私がまだ動けるように努力をしていたから38歳でもまだ現役を続けられたともいえます。ＦＣ今治にも、セレッソ大阪にいた頃に岡田武史さんから冗談とも本気ともわからないトーンではありましたが、誘われていました。

「40歳になったらお願いします」

岡田さんがどう受け取ったかはわかりませんが、実際に40歳になる年にＦＣ今治に移籍しているんです。

私にとっては、セレッソで試合に出られるように努力したことも、ヴェルディで「もう一度Ｊ１へ」ともがいたことも、すべてがつながっていて、すべての努力が別の形で報われているんです。

育成年代であれば、なおさら後に別の成果となって努力は報われると断言できます。

もちろん、目標は変えていいし、私が大学に合格することを目標にがんばっていたらプロサッカー選手になれたように、プロサッカー選手になるために一生懸命努力していたら、いい人間になれた！　だって素晴らしい成果といえるのではないでしょうか。

▽文武両道の本当の意味

サッカーが「主」で勉強が「副」ではなかった

「THINK.5　サッカーだけでなく〝人生〟を考える技術」で、「勉強がサッカーに役立つことはありますか？」という定番の質問の話をしました。

いつもは「論理的思考が役立つ」と答えますし、実際にその通りなのですが、この本を書くにあたって改めて落ち着いて考えてわかったのは、「勉強がサッカーに役立つ」という考え方自体が、私の中にはない発想だということです。

プロサッカー選手を目指す多くの子どもたちにとって、サッカーは「主」で、勉強は「副」でしょう。サッカーをやるための時間を増やすために、勉強の時間を削り、サッカーに集中するために授業は身体を休める時間に充てる。大会や遠征のために授業を免除してもらい、いい成績が残せれば学業免除で推薦をもらい、うまくすれば有名大学にも進める。

サッカーの才能が有り余るくらいあって、登る山を大きくし続けても〝お山の大将〟で居続けられて、プロサッカー選手の中でもそのまま突き抜けられる人ならそれでもいいでしょう。私はそうではなかったので、学校の勉強にも、受験勉強にも真剣に取り組みましたが、そのときにサッカーか勉強のどちらかが主で、どちらかが副という感覚はまったくありませんでした。

勉強とスポーツを分けない本当の「文武両道」

いまの世の中で「文武両道」といわれているもののほとんどは、勉強もやって、スポーツもやる。どちらも成績が優秀ですごいねという「文武別道」ではないかと思うのです。

文武両道の本来の意味は、人の上に立つ者は文と武の両方を修めている者だという意味で、もっとさかのぼれば、文と武は元来一つで、文事を学ぶことが武芸にも生き、武芸を磨くことで文事も深まっていくということなのだそうです。明治維新を成し遂げた幕末のリーダーたちの多くは剣の達人で、まさに文武両道で生きていたという話も聞いたことがあります。

「勉強がサッカーに役立つ」という考え方がしっくりこなかったのは、私が勉強もサッカーも特に分けることなく、自分の人生に必要なものとして取り組んでいたからなのかもしれません。

もちろん、タイムスケジュールとしてサッカーのときと勉強するときのオンとオフをはっきりすることは徹底していましたが、私の中ではサッカーと勉強、どちらがオンでどちらがオフという考えもなく、サッカーのときはサッカー、勉強をするなら勉強に全力で集中しようくらいの意味で言っていたことに気がついたのです。

サッカーと勉強が導いてくれた〝私だけの人生〟

そう考えると、勉強がサッカーに作用したこともたくさんありますし、サッカーが勉強にいい影響を与えたこともたくさんありました。そして何より、サッカーと勉強は私の人生をいまの形にするのに欠かせないものだったのです。

サッカーと勉強、そのどちらでも大きな挫折を経験しながら、諦めず努力し続けた先にあったのが私の、私だけのキャリアでした。

もし、私に天才といわれるような圧倒的なサッカーの才能があったら、いまの私は確実にいません。もっとわがままに、怠惰に過ごし、優しさや感情などにも目を向けず、勉強や人間性を二の次にしてプロサッカー選手になっていたのかもしれません。

そういう人生も歩んでみたかったなぁと思わないわけでもありませんが、サッカー人生より長い引退後のことを考えると、絶対いまの自分でよかった！　と思えるのです。

プロサッカー選手になる道にも、人生の長い道にもいろいろなルートがあり、迷い道や遠回りはあっても、どれもみんな正解だと思います。でも、もし自分に才能があるのかわからない、未来を信じることができない、「誰か」や「何か」にどうしても勝てない人がいるなら、サッカーと勉強、技術と思考、オフ・ザ・ピッチとオン・ザ・ピッチの〝別道〟ではなく、すべてを〝両道〟で考えて努力し続ける私のやり方を試してみてほしいのです。

特別収録　本田圭佑氏Q＆A

橋本英郎が本田圭佑にどうしても聞きたかったこと

Q1 夢と目標、それに向けての努力について

橋本　私はそもそも、自分がプロサッカー選手になれるとは思わずにキャリアを歩んできた人間です。目の前にある課題、小さな目標をクリアし続けることで気づいたらプロサッカー選手になり、日本代表になっていたというサッカー人生だったのですが、本田選手は

早くから「レアルの10番になる」と公言していました。私には、大きな目標に向かってさまざまなことに耐えながら、そして闘いながら常に前に進んでいる本田選手の姿が頼もしく見えていました。

Q1-1

橋本　本田選手が夢や目標を掲げるときに心掛けていることはありますか？

本田　んー。心掛けてるってほどではないんですけど、一番になりたいとか誰もやってないことをやりたいとか、そんなことは考えてます。人が絶対に無理だと思うようなことができたときのことを想像するとワクワクするので、そういった思考で目標を掲げていますかね。

Q1-2

橋本　私は特にキャリアの早い段階から大きな挫折を経験しましたが、設定した夢や目標は必ずしも自分が思い描いた通りにかなうとは限りません。本田選手は夢や目標が達成できなかったとき、どのように軌道修正をしてきましたか？

本田　過去を思い出すとほとんどが失敗や挫折の連続ですけど、その度に軌道修正はしてきました。気持ち的にも切り替える必要があるし、目標も下方修正する必要がでてくる。周囲に対しても説明が必要なときもある。でも困難に直面したときに一番重要だなと思うことは周りにどう思われるかというよりも、自分がどうしたいかだと思うので、あえて軌道修正しないなんてこともやったりします。無理って思ってる脳みそを刺激するために。

Q1-3

橋本　夢や目標に向かう過程でしんどくなったり逃げたくなったりしませんでしたか？

本田　しんどいなんてのは毎日感じてることなので日常です。でも逃げたくなるってのはないですね。

Q2 才能について

橋本　現役生活を終えて、私がプロサッカー選手になれた大きな理由に「夢を諦めなかった」「それはやっぱりサッカーが好きだったから」という当たり前だけどシンプルな原動力に気づかされました。

Q2-1

橋本　仮に自分に突出した才能、特別な武器がなくてもプロとして成功するために必要なものがあるとすればそれはなんだと思いますか？

本田　賢さだと思います。どういう賢さかというと順応する賢さだと思います。サッカーは11人でするスポーツですし、全員がとんでもない武器を持ってる選手ではない中で、そういう特別な武器を持ってる人を活かすには賢さがないと無理です。僕は橋くんを見ていてそれが多くの人たちよりも優れていたのだと思っています。

Q2-2

橋本　私は「挫折してもうまくゴールを変えて着地する」「努力し続ける」ことに長けていたから今の自分があるのではないかと自己分析しています。本田選手は自分自身には才能がある・あったと思っていますか？　またあるとしたらどんな才能があると考えていますか？

本田　僕の才能は野心だと思ってます。家族環境も特殊でそんな性格が幼少期に身についてしまったので、生涯のパートナーになるかなと思ってます。

Q2-3

橋本　サッカー選手として成功するのに「運」は必要だと思いますか？　また必要だとすればどんなときに必要でしょうか？　本田選手は運がいいほうですか？

本田　もちろんです。「運がよくなかったらうまくいってなかったな」ってことばっかりです。ただ誰もがわかってることですが、運は引き寄せるものだと思ってるので、偶然なんですけど必然でもあるんですよね。

Q3 サッカーと思考について

橋本 この本のメインテーマの一つに、サッカーに関わる「思考」があります。2022年カタールワールドカップでの本田選手の解説を聞いていて、私がじかに知っているサッカープレイヤーとしてだけでなく、解説者としても「考えて準備しているんだな」と感じました。

Q3-1

橋本 サッカーには戦術や、心技体とさまざまな構成要素があると思います。その中で「考えること」「思考」はどれくらいの割合を占めると思いますか?

本田 難しい質問ですね。アスリートの究極系は「無意識」だと思ってるので、考えなくてできるならそれに越したことはないと思います。でもすべてのプレーを無意識にやれる選手なんて見たことがないのが現実なので、どんなに本能でやってそうなすごい選手でもそれなりに考えながらやってるんだと思います。それがさっきの話でも出た武器がない選手となれば常に考えてプレーしてるので、どうなんですかね。最低でも半分くらいの割合はあるんじゃないですかね。

Q3-2

橋本　プレー中に最優先で心掛けていることはなんですか？

本田　どうやったら勝てるか。

Q3-3

橋本　考える力は何をすると伸ばせますか？

本田　ただの考える力だったら知識量のことだと思うんです。ただ橋くんの言ってる考える力って知恵のことだと思うんです。いかに考えてることを表現できるか。サッカーの世界は考えてることを表現できて初めて意味があるので。そういう意味では本当の意味での考える力を伸ばすには、何度も困難に直面させて自分で乗り越えさせるってのがいいかなと思ってます。

Q4 キャリアについて

橋本　私は2022シーズンをもって現役を引退しましたが、世間が言うような「セカンドキャリア」がスタートした感覚はあまりなく、指導者として、解説者として、現役時代から続けてきたビジネスも含めた、ひとつながりのキャリアの中にいます。おそらく現役を続ける本田選手も、似たような感覚を持っているのでは？　と勝手に思っています。今後のキャリアについてもぜひ聞かせてください。

Q4—1

橋本　本田選手もスクール事業などを通じて積極的に子どもたちの夢をかなえるサポート、サッカー選手の育成をされています。子どもたちから受ける「どうしたらプロサッカー選手になれますか？」という質問に対しては普段なんと答えていますか？

本田　練習しろって言ってます。どうしたらプロサッカー選手になれるかって質問はまだちゃんと練習をしたことのない選手がする質問だと思うんです。しっかり練習してる選手であればもう少し違う質問の仕方になると思っているので。

Q4-2

橋本　プロを目指すサッカー選手たちの保護者に対してはどのようなサポートやアプローチを心掛けるべきだとアドバイスしていますか？

本田　過保護にしないこと。それこそ考える力が養われないと思うので。僕も含めてですけど目先の感情に負けずに心を鬼にすることが特に今の時代の親には重要なことだと思っています。

Q4-3

橋本　監督を経験されて、何か変わったことはありますか？

本田　選手よりも才能があるんじゃないかと思ってたことが確信に変わりました。

Q4-4

橋本　本田選手の考えるいい監督、指導者とはどんな監督、指導者でしょう？

本田　難しいですね。全部必要なのは間違いないですが、一つだけ挙げるなら間違いなくマネジメント力ですね。

本田圭佑

Keisuke Honda

1986年6月13日、大阪府生まれ。摂津FC、ガンバ大阪ジュニアユース、星稜高校を経て、2005年に名古屋グランパスエイトに加入。2008年にオランダのVVVフェンロに移籍。2010年にロシアのCSKAモスクへの移籍を経て、2014年よりイタリア・セリエAのACミランで背番号10を背負う。2017年CFパチューカ（メキシコ）、2018年メルボルン・ビクトリーFC（オーストラリア）、2019年SBVフィテッセ（オランダ）、2020年ボタフォゴ（ブラジル）、2021年ネフチ・バクー（アゼルバイジャン）、同年9月よりスードゥヴァ（リトアニア）でプレー。日本代表としては国際Aマッチ・98試合に出場。2010年ワールドカップで2ゴール1アシスト、2014年大会で1ゴール1アシスト、2018年大会で1ゴール1アシストを挙げ、世界歴代6人目となる「ワールドカップ3大会連続でゴールとアシスト」を記録した。ビジネス面では国内外に約60校のサッカースクールを展開。海外でプロサッカークラブの経営に携わり、投資活動にも力を入れている。2018年にはサッカーカンボジア代表の実質的監督も務めた。2023年、自らが考案したU-10のためのサッカー全国大会「4v4」を設立。

おわりに

「説教」と「自慢話」は、聞いていてつまらない話の代表格ですが、誰かの成功を描いた物語は、どうしても上から目線のお説教と、自分がいかに成功してきたかの自慢話が多くなります。そこで本をつくる際の取材では、失敗談を多く聞き出そうとするのですが、記憶の中で美化されているのか、自分の失敗を失敗と認めたくないのか、聞いた話をそのまま書いても妙にいい話に直されたり、恥をかいた部分がごっそり消されていたりすることが常です。

この本の主人公である橋本英郎さんは、「説教」と「自慢話」とは無縁の成功者です。

いや、本人は自分のことを成功者だとすら思っていないかもしれません。ちゃんと聞いてはいませんが、人生の成功はまだ先の話でまだ道半ばだと言われそうです。

ジュニアユースから〝育成の名門〟ガンバ大阪で育ち、ユースを経て同期の稲本潤一、新井場徹とともにトップチームに昇格。高校は府下有数の進学校・天王寺高校で、Jリーガーになると同時に、一般入試で大阪市立大学（現大阪公立大学）に進学。この時点で、「天は二物を与えた」を地で行く〝早熟の天才〟としか思えないのですが、本人から語られるのは、周囲のすごさと自身の挫折、失敗、恥ずかしい経験のオンパレード。

ガンバ大阪では主力としてチーム初となるリーグ優勝を成し遂げ、日本代表にも選出、オシムジャパンの「考えるサッカー」の申し子の一人として、〝頭脳派ボランチ〟という立ち位置を完全に確保します。

それでも本人は、自分の足りないものに目を向け、〝持たざる者〟としてJリーグの厳しい生存競争を生き延びてきたと語ります。

「強い者、賢い者が生き残るのではない。変化できる者が生き残る」は、ダーウィンの進化論をあらわした言葉ですが、43歳までプロサッカー選手として強く賢くあろうと変化をし続けた橋本さんは、きら星のごとく才能が集まっていた1979年生まれの〝黄金世代〟

の同志たちがピッチを後にしていく中、限りなく「ラストマン・スタンディング」に近い現役生活を２０２２シーズンで終えました。

日本サッカーの育成年代に限らず、現代を生きる子どもたちは、「先の見えない不安」を抱えながら「わかりやすい答えのない未来」を生きるハードモードにさらされています。

橋本さんの歩んだサッカーキャリアは、こうした時代を生き抜くヒントにあふれているだけでなく、「逃げることの肯定」や「勉強する理由」「報われる努力の仕方」といった、サッカーという枠を越えて誰もが聞きたかった助言がちりばめられています。

指導者の道を歩み始めた橋本さんは「１００人中最下層」から始まった自らのキャリアをもとに〝コーチ〟の言葉の語源通り、馬車を馭《ぎょ》して「目的地まで連れて行ってくれる人」になるはずです。

実はキャリアも馬車に関係がある言葉です。馬車が進んだ轍《わだち》＝キャリア、つまり、橋本さんの歩んできた道の轍が、この本を通じて次に続く若い人たちの道しるべになれば幸いです。

大塚一樹（構成）

橋本英郎

Hideo Hashimoto

1979年5月21日、大阪府生まれ。ガンバ大阪のアカデミーを経て、1998年にトップ昇格。練習生からプロ契約を勝ち取り、不動のボランチとしてJ1初制覇、アジア制覇などガンバ大阪の黄金期を支えた。その後、2012年にヴィッセル神戸、2015年にセレッソ大阪、2016年にAC長野パルセイロ、2017年に東京ヴェルディ、2019年にFC今治に移籍してプレーし、2022年おこしやす京都ACに選手兼ヘッドコーチとして加入。現役選手としてプレーしながら、Jリーグ解説者、サッカースクール・チーム運営など幅広く活動。日本代表としては国際Aマッチ・15試合に出場。2023年1月に引退を発表。25年間の現役生活に終止符を打った。

1%の才能
特別な武器がなくてもプロとして成功する方法

２０２３年12月26日　初版第１刷発行

著者　橋本英郎

発行者　三輪浩之

発行所　株式会社エクスナレッジ
〒１０６－００３２
東京都港区六本木７－２－26
https://www.xknowledge.co.jp

問合先　編集　ＴＥＬ　０３－３４０３－１３８１
ＦＡＸ　０３－３４０３－１３４５
info@xknowledge.co.jp
販売　ＴＥＬ　０３－３４０３－１３２１
ＦＡＸ　０３－３４０３－１８２９